o pedido final

até que sejamos um com Ele

o pedido final

até que sejamos um com Ele

NÍVEA SOARES
PREFÁCIO POR MÁRCIO VALADÃO

quatro ventos

quatro ventos

Editora Quatro Ventos
Rua Liberato Carvalho Leite, 86
(11) 3230-2378
(11) 3746-9700

Diretor executivo: Renan Menezes
Editora Responsável: Sarah Lucchini
Equipe Editorial:
Daila Fanny
Paula de Luna
Gabriela Vicente
Revisão: Eliane Viza B. Barreto
Diagramação: Vivian de Luna
Capa: Estúdio Ditongo (Vinícius Lira)

Todos os direitos deste livro são reservados pela Editora Quatro Ventos.

Proibida a reprodução por quaisquer meios, salvo em breves citações, com indicação da fonte.

Todas as citações bíblicas e de terceiros foram adaptadas segundo o Acordo Ortográfico da Língua Portuguesa, assinado em 1990, em vigor desde janeiro de 2009.

Todo o conteúdo aqui publicado é de inteira responsabilidade do autor.

Todas as citações bíblicas foram extraídas da Nova Versão Internacional, salvo indicação em contrário.

Citações extraídas do site https://www.bibliaonline.com.br/nvi. Acesso em outubro de 2019.

1ª Edição: Novembro 2019

Ficha catalográfica elaborada por Geyse Maria Almeida Costa de Carvalho – CRB 11/973

S676p Soares, Nívea

O pedido final: até que sejamos um com Ele / Nívea Soares - São Paulo: Quatro Ventos, 2019.
248 p.

ISBN: 978-85-54167-31-8

1. Religião. 2. Desenvolvimento espiritual.
3. Vida cristã. I. Título.

CDD 248.4
CDU 27-584

Sumário

Introdução 13

1 A família do Noivo 19

2 O anseio do Noivo 57

3 A autoridade do Noivo 103

4 O Corpo do Noivo 145

5 A vinda do Noivo 191

Conclusão 243

Dedicatória

Às minhas filhas Alice e Isabela. Que vocês amem a Jesus de todo o coração e vivam para Ele intensamente.

Eu me casarei com você para sempre;
eu me casarei com você com justiça e retidão,
com amor e compaixão.
Eu me casarei com você com fidelidade,
e você reconhecerá o Senhor.

Oseias 2.19-20

Entrei em meu jardim,
minha irmã, minha noiva;
ajuntei a minha mirra com
as minhas especiarias.
Comi o meu favo e o meu mel;
bebi o meu vinho e o meu leite.

Cântico dos Cânticos 5.1

Prefácio

A Bíblia é um livro maravilhoso, repleto de profundas verdades sagradas que foram escritas durante vários séculos por dezenas de autores inspirados pelo Espírito Santo. Porém, se você espremer toda a Bíblia, o que mais sairá dela é o amor de Cristo. Amor pela Noiva e por Sua igreja. As Escrituras contam essas histórias da união entre Cristo e a Igreja – um enredo de resgate, restauração, lutas, muitos sofrimentos e renúncias, mas, principalmente, de amor.

Nívea Soares é uma adoradora e, carregando essa identidade, busca investir neste lindo romance do Noivo com a Noiva, Cristo e a Igreja. Ela coloca em palavras, a partir de suas experiências pessoais, a beleza, o cuidado e o afeto que Cristo tem com cada um de nós. Mesmo diante das nossas limitações e imperfeições, sua ação é ilimitada e perfeita.

Você certamente será inspirado e impactado com a leitura deste livro, pois ele é a expressão de verdades espirituais vivenciadas por alguém que genuinamente busca Aquele que nos criou. Que Deus abençoe você através desta linda história de amor eterno.

MÁRCIO VALADÃO
Pastor sênior da Igreja Batista da Lagoinha

Introdução
Ministros do fim

Em novembro de 2018, realizamos a primeira conferência Lugar Secreto. Fazia anos que sonhávamos com algo assim, mas relutávamos em realmente trazer esse projeto à realidade. A minha alma inquieta dizia que talvez aquilo não fosse relevante o suficiente. Não queríamos ser apenas mais um entre tantos eventos — só mais uma opção de "entretenimento" evangélico.

Porém, com o passar dos anos, começou a se intensificar o peso da responsabilidade de transmitir à geração atual o que havíamos experimentado duas décadas atrás, que culminou em um grande mover de Deus sobre nossa igreja e cidade. Nosso ministério nasceu em meio àquele avivamento e, desde então, temos sonhado com algo novo do Espírito, operando mudanças na sociedade e na cultura, resultando em grande colheita de almas e na evangelização de muitos povos e nações para que, então, venha o fim.

Sobre isso, penso que, de certa forma, a vinda de Cristo é o tema central de nosso trabalho por todos estes anos. Não se trata de fazer músicas, mas de ministrar o fim. Talvez pareça meio sinistro, mas, quando penso em "fim", não me refiro ao "fim do mundo" como mostram os filmes de Hollywood e seriados da TV, mas sim ao final desta História e ao começo de uma nova era, a do Reino de Cristo, que será eterno. Ah! Como anseio que este Reino finalmente venha. Desejo ardentemente ver a vontade do Senhor se cumprindo na Terra como hoje é feita no Céu.

Desta forma, fazemos tudo o que está ao nosso alcance para promover na Igreja a mentalidade necessária para se viver o fim dos tempos desde já. Profetizamos avivamentos, reconciliação de gerações e unidade entre o Corpo, para que o mundo reconheça que Jesus é o Filho de Deus. Anunciamos o Evangelho e pregamos de modo que as Boas Novas atinjam todos os povos e nações.

Este foi o propósito e a mensagem central da nossa conferência, assim como é a deste livro! *O Pedido Final* foi desenvolvido no decorrer dos anos de ministério. Seu esboço veio a público pela primeira vez na conferência Lugar Secreto, durante a ministração que fizemos na primeira noite.

Nossas expectativas para aquele encontro eram elevadas, mas o Senhor superou todos os nossos sonhos. Tivemos muitos testemunhos de cura, de batismo e preenchimento com o Espírito Santo. A presença de Deus se manifestou de forma muito linda em nosso meio, e isso não ficou apenas dentro das paredes da igreja, mas também fizemos evangelismos na cidade de Belo Horizonte. Uma vez que a conferência aconteceu durante o feriado de Finados, fomos aos cemitérios e profetizamos vida aos visitantes que lamentavam a morte de seus queridos.

Foi também durante esse mesmo evento, no ano de 2018, que gravamos as canções que compõem o álbum *Jesus*[1]. Elas declaram quem Cristo é e falam sobre o que Ele fez por Sua igreja, uma radical demonstração de amor pela comunidade de seguidores que Ele carinhosamente chama de "Noiva".

Creio que a compreensão de Cristo como Noivo é central para nós, que somos "ministros do fim", pois esse aspecto da Pessoa do Filho foi revelado com clareza no Apocalipse, em meio às profecias do final dos tempos e de Sua vinda.

Também considero esta mensagem de grande importância para esta geração da Igreja brasileira por dois motivos. Em primeiro lugar, porque nunca existiram tantos evangélicos em nossa nação. Nunca atraímos tanta atenção. Diferentes poderes têm assediado a Igreja, buscando forjar alianças, fazer promessas, oferecer descontos, criar atrações... Enfim, muitos ídolos lutam pelo nosso afeto.

No entanto, nós mesmos precisamos ter a percepção de que já estamos comprometidos. Somos uma Noiva prometida em casamento. Ainda não

---

[1] SOARES, Nívea. **Jesus**. Belo Horizonte: Onimusic, 2019.

sabemos a data da cerimônia, mas, tão certo quanto Deus existe, é claro que nosso Noivo virá nos buscar. Ele deixou promessas a respeito disso em Sua Palavra, e ainda mais: deu-nos Seu próprio Espírito como uma linda aliança de noivado.

Se nós, como Igreja, não estivermos conscientes de nosso compromisso, os assediadores se tornarão amantes, e o amor do Noivo se voltará contra nós na forma de ardente ciúme.

O segundo motivo pelo qual creio que esta mensagem é fundamental para a Igreja atual é porque, sem sombra de dúvida, o fim se aproxima. Um rápido exame do discurso final de Jesus em Jerusalém nos assegura de que estamos realmente vivendo os últimos dias. A geração ofensiva que Paulo descreve em Romanos 1 é praticamente um retrato do que acontece hoje na mídia e nas redes sociais. A ambiência que precede a vinda de Cristo tem se formado ao nosso redor, e acredito que esta é a época de O conhecermos como nosso Noivo, Amado e único Senhor.

Em razão disso, neste livro, procurei abordar o relacionamento do Senhor com a Igreja por cinco ângulos diferentes: um a cada capítulo. Enquanto escrevia, ficava ainda mais maravilhada ao perceber a insistência de Deus em revelar Seu amor infinito de tantas maneiras, comunicando-o por meio de diversas ilustrações para que todo Seu povo, em suas diferentes épocas, jamais duvidasse de Seus sentimentos. A Igreja brasileira não precisa dos atrativos que os ídolos da cultura têm oferecido. Não necessitamos do falso amor e das riquezas passageiras que ele promete nos dar, mas devemos voltar nossos olhos unicamente para Cristo, o Autor e Consumador da nossa fé. Ele, diferentemente dos "pretendentes" que esperam enriquecer e se fortalecer às nossas custas, suportou a miséria e a humilhação pública por nos considerar dignos de Seu sofrimento. Ter Sua Noiva consigo é Sua maior alegria (Hebreus 12.2).

Assim, a admiração de Jesus pela Noiva é descrita neste trecho de Cântico dos Cânticos: "Como você é linda, minha querida! Ah, como é linda! Seus olhos são pombas" (1.15). Não parece muito romântico, não é mesmo? Existem elogios melhores – e até mais "limpinhos" – do que este. Mas fato é que a comparação da amada com a pomba traz um aspecto muito especial que Cristo espera que Sua Igreja cultive.

O noivo não está elogiando a aparência física da noiva. O que está em questão é a forma como os pombos focam seu olhar em uma coisa só. Eles possuem uma capacidade de localização que lhes permite voltar sempre ao seu lugar de origem, onde são alimentados e se sentem protegidos. Além desse senso de direção, esses animais são monogâmicos, possuindo um só parceiro por toda a vida. Da mesma forma, a visão da noiva deve permanecer fiel ao noivo, sendo naturalmente atraída para ele.

Em outras palavras, olhar para o nosso noivo Jesus como uma pomba é enxergar somente Ele. Como Noiva, precisamos igualmente considerar Sua presença a nossa maior alegria, o alvo exclusivo do nosso olhar e de nosso coração. Este é o objetivo dos "ministros dos últimos dias". Com a perspectiva cada vez mais ajustada pela ministração do Espírito Santo, nós nos unimos a Ele e, juntos, clamamos "Vem!".

Capítulo 1
A família do Noivo

> Vejam como é grande o amor que o Pai nos concedeu: sermos chamados filhos de Deus, o que de fato somos!
> (1 João 3.1)

Há quem diga que o relacionamento familiar é algo tão complexo e difícil que "só fica bom num porta-retrato". De fato, relacionar-se em família é um grande desafio. Isso acontece porque cada um de nós é falho, limitado na visão que tem de si mesmo e do outro. Por isso, enxergamos as pessoas a partir de quem somos, de nossas próprias experiências e opiniões.

No entanto, esses dois aspectos não representam a totalidade da existência de um indivíduo. Você é muito mais do que aquilo que viveu e do que pensa. Seus anseios e desejos, seus valores e princípios, sua personalidade e seu temperamento, seus sonhos, medos e expectativas, tudo isso faz de você uma pessoa ímpar, inigualável e incomparável em meio aos sete bilhões de seres humanos com os quais você está dividindo o planeta. Um exemplo disso são as minhas filhas. Elas são gêmeas bivitelinas, o que significa que não são idênticas. Mas foram geradas ao mesmo tempo, na mesma barriga, e criadas pelos mesmos pais, sob as mesmas circunstâncias. Ainda assim, é incrível como podem ser tão diferentes em diversos aspectos.

Isso tudo é consequência do fato de que há muito mais sobre nós do que o olho humano pode perceber e, às vezes, nem nós mesmos conseguimos enxergar. Quem nunca se surpreendeu, positiva ou negativamente, diante de uma reação que teve, e pensou: "Não sei como consegui fazer aquilo"? Essas pequenas descobertas que fazemos a nosso respeito revelam que, na verdade, não sabemos totalmente quem somos. Por isso, em muitos momentos, aparentamos ser apenas como desconhecidos para nós mesmos. O mais profundo do nosso ser — as intenções do coração, as engrenagens que movem os desejos — parece que está fora de nosso alcance, como uma lata de biscoitos que as mães mantêm na última prateleira da despensa, onde só elas conseguem chegar. Só o Criador pode alcançar o mais íntimo do coração humano. Assim, é comum nos assustarmos com o conhecimento que o Senhor tem de nós, e como este vai muito além do que conseguimos imaginar. Eu creio que é com esse sentimento que Davi escreveu o salmo a seguir:

> Senhor, tu me sondas e me conheces. Sabes quando me sento e quando me levanto; de longe percebes os meus

pensamentos. Sabes muito bem quando trabalho e quando descanso. Todos os meus caminhos são bem conhecidos por ti. Antes mesmo que a palavra me chegue à língua, tu já a conheces inteiramente, Senhor. (Salmos 139.1-4)

Assombrado diante da percepção plena que Deus tem sobre ele, Davi confessa: "Tal conhecimento é maravilhoso demais e está além do meu alcance, é tão elevado que não o posso atingir" (v. 6). Perceba que ele não está falando aqui da ciência que o Senhor tem acerca do Universo ou do mundo sobrenatural, mas o que chama a atenção do salmista é o quanto Deus conhece profundamente a ele. O Senhor vê coisas que o próprio Davi não tem condições de acessar em si mesmo. Para ele, essa seria uma jornada que não saberia por onde começar, ainda que tivesse um mapa, pois envolve verdades que estão além de seu alcance e de sua percepção. É a lata de biscoitos lá no alto do armário.

Além disso, Davi não está sozinho nessa descoberta de que pouco sabe a seu respeito. O apóstolo Paulo concorda com ele nesse assunto:

> Agora, pois, vemos apenas um reflexo obscuro, como em espelho; mas, então, veremos face a face. Agora conheço em parte; então, conhecerei plenamente, da mesma forma como sou plenamente conhecido. (1 Coríntios 13.12)

O apóstolo, porém, tem a esperança de que, um dia, o véu que encobre o coração de cada um de nós, inclusive o dele próprio, será retirado. E nesse momento, poderemos contemplar quem realmente somos.

    Enquanto esse dia não chega, continuamos a ver apenas "um reflexo obscuro" não só da nossa própria imagem, mas também de nosso próximo. Agora, pense só: se o conhecimento que tenho sobre a Nívea é falho e limitado, o que se dirá em relação aos meus pais, meu marido e minhas filhas? Mesmo as meninas, que gerei em meu próprio corpo, das quais cuidei antes que tivessem consciência de si, possuem características que desconheço e não compreendo. Na verdade, quando olhamos para o outro, estamos contemplando um mundo de possibilidades, do qual conseguimos vislumbrar apenas a pontinha, como num *iceberg* submerso.

    Acredito que é essa obscuridade — e não as diferenças — que apresenta os maiores desafios ao convívio familiar. As divergências enriquecem os relacionamentos, como acontece, por exemplo, no casamento. Essa aliança é a união de dois seres diferentes — homem e mulher — que complementam um ao outro com sua visão de mundo e perspectiva da vida distintas. E não só isso, os filhos também agregam à família, cada um sendo como é. Acho incrível como Deus dá certo equilíbrio ao lar por meio da personalidade de cada membro. Não existem dois iguais, o que tem faltando em um é compensado pelo outro, e vice-versa.

Essas diferenças manifestam a criatividade de Deus. Como você verá, elas existem n'Ele também. O problema está na falta de clareza da nossa visão. Ela nos impede de entender o que está por trás de determinadas atitudes, sejam minhas próprias ou do outro. Essas incógnitas e incômodos conduzem os relacionamentos familiares por um caminho meio espinhento, em vez de mergulhá-los num mar de rosas. Sendo assim, as dificuldades relacionais acabaram levando alguns pensadores a concluírem que "o inferno são os outros".

Mas se é tão complicado assim, por que viver em família? Será que não existe um jeito mais fácil de florescer como ser humano e desenvolver nosso potencial?

A família de Deus

Acredito que a obscuridade na nossa visão de nós mesmos e do outro, junto com todo o peso de um relacionamento muito próximo e íntimo, como o que se tem em casa, têm contribuído para o olhar pessimista e de desprezo que nossa sociedade lança sobre a família. Alguns militam contra ela, dizendo que é uma mera "instituição", tal qual um clube ou uma escola, criada pelo ser humano por conveniência.

A verdade é que, socialmente, a família não está em alta. Isso, porque, creio que você, assim como eu, certamente entende as complicações que uma estrutura familiar problemática pode causar na formação de um indivíduo. Talvez conheça pessoas que tenham adoecido e estagnado na vida por causa de um lar disfuncional. Porém, por outro lado, nós também sabemos como a falta de uma família é devastadora na vida do ser humano em qualquer idade. Um triste retrato dessa realidade são as crianças e idosos abandonados, espalhados pela sociedade.

Infelizmente, as experiências ruins que as pessoas tiveram em seus lares de origem, ou nos que formaram pelo casamento, acabaram manchando a imagem do relacionamento familiar de tal forma que, quando pensam em "família", já imaginam um ambiente insalubre de cobrança, violência, frustrações e ansiedade. Por conta disso, talvez, seja esse o retrato mental que alguns cristãos tenham a respeito da família de Deus.

Dessa forma, algumas pessoas relutam em usar a expressão "família de Deus" por causa de más lembranças que seu lar lhes traz. Mas quando entendemos por que o Espírito usou exatamente essa palavra na Bíblia para descrever o relacionamento formado entre os salvos por Cristo, podemos encontrar a cura para esses traumas, e até a restauração dos nossos laços familiares.

A família tem origem em Deus. Isso significa duas coisas: que foi fundada por Ele, mas também que é formada a exemplo da existência do próprio Senhor. Ele não queria que o homem vivesse sozinho (Gênesis 2.18), então criou uma companheira (vs. 21-22), com a qual teria grande descendência (1.28). Sabemos que a entrada do pecado no mundo afetou grandemente o relacionamento entre todos os membros e futuros participantes dessa família: marido e mulher; mãe e filho (3.12-16). O relacionamento entre os primeiros irmãos também é uma tragédia, que culmina num homicídio (4.1-8). Apesar disso, em diversas passagens posteriores, Deus reafirma o valor do seio familiar para o homem e para Si mesmo. É uma bênção que Ele concede às pessoas que ama (Salmos 107.41; 113.9; 127.3; 128), que é mantida e preservada sob Seu olhar vigilante (Salmos 127.1). A Palavra de Deus também afirma que uma das marcas da impiedade é a falta de amor pelos familiares (Romanos 1.31; 1 Timóteo 5.8).

Tudo isso acontece porque, além de ser o criador da família, nosso Deus é, em Si mesmo, uma comunidade de amor, à qual chamamos de Trindade. E isso é, creio eu, o que gerou a ideia da estrutura familiar, pois é formada por Pai, Filho e Espírito Santo.

Do Pai "recebe o nome toda a família nos céus e na terra" (Efésios 3.15). Ele é a fonte de toda paternidade, quem projetou todos os lares. Além disso, é "o Deus e Pai de nosso Senhor Jesus Cristo" (1.3) e, como tal, ama e afirma seu Filho, no qual tem grande alegria (Salmos 2.7, Marcos 1.11). Sabendo disso, pela fé no Cristo, nos tornamos igualmente filhos de Seu Pai (João 1.12, Gálatas 3.26).

O Filho é "o resplendor da glória de Deus e a expressão exata do seu ser" (Hebreus 1.3). Ele é quem revela o Pai (Mateus 11.27; João 1.18; 14.6). Também é chamado de Verbo ou Palavra (João 1.1; 1 João 1.1) e de Cristo (Marcos 1.1; Lucas 4.41; João 11.27). Ao vir à Terra, recebeu o nome de Jesus (Lucas 1.31) e Emanuel (Mateus 1.23). Mesmo tendo sido concebido por uma mulher, Cristo afirmou diversas vezes sua procedência e ligação eterna com o Pai celestial (Lucas 2.49; João 5.18-26). E como Seu Filho, em tudo Lhe é obediente (Filipenses 2.8; Hebreus 3.6; 5.8). Sendo assim, é sobre essa revelação de Jesus como Filho de Deus que, segundo Ele, a Igreja estaria edificada: "Tu és o Cristo, o Filho do Deus vivo" (Mateus 16.16).

O Espírito, por sua vez, é o Dom concedido pelo Pai e pelo Filho à Igreja. É Ele quem comunica ao cristão as verdades acerca das outras Pessoas da Trindade (João 14.25-26; 16.12-13) e estabelece a unidade entre os santos (Efésios 4.3), a família de Deus. Toda vez que este tema é mencionado no Novo Testamento, ele é associado à Pessoa do Espírito Santo, uma vez que não pode haver essa união sem Ele. Nas palavras de Alister McGrath, o Espírito é o "elo que une, por um lado, o Pai e o Filho, e, por outro lado, Deus e os cristãos. O Espírito é um dom, dado por Deus, o qual une os cristãos a Deus e aos demais cristãos. O Espírito Santo forma os elos de união entre os cristãos, dos quais depende fundamentalmente a unidade da igreja. A igreja é o 'templo do Espírito Santo', e em seu interior o Espírito Santo habita. O mesmo Espírito que une o

Pai e o Filho, tornando-os um, também une os cristãos em uma só igreja".[1]

Três em um só, Pai, Filho e Espírito Santo são uma família plena em unidade e cumplicidade. Cada Pessoa é diferente da outra, mas as três vivem um relacionamento pleno e constante, no qual há total concordância. Diferentemente de nós, Eles desfrutam de intimidade em grau infinito com cada Um dos Três, e conhecem totalmente a Si mesmos e uns aos outros. Mais que isso: compartilham de uma só mente, um coração e um mesmo propósito.

Em consequência dessa relação entre a Trindade, por ser pleno em Si mesmo, Deus não tem os problemas de alma que nós, seres humanos, possuímos. Não precisa do elogio de outros para se sentir bem, e não criou o homem com a intenção de suprir alguma lacuna dentro de Si, pois Ele mesmo não tinha necessidade alguma. Pelo contrário, o Senhor é completo e autossuficiente em seu amor por Si próprio, em sua plena existência.

Foi desse Deus maravilhoso que a família nasceu. Por um lado, quando criou Adão e Eva e os uniu em casamento, o Senhor desejava que a humanidade experimentasse o mesmo tipo de relacionamento harmonioso e pleno que há na Trindade. Por outro,

---

[1] MCGRATH, Alister E. **Teologia sistemática, histórica e filosófica**. São Paulo: Shedd, 2005, p. 367-368, citado por Franklin Ferreira, "Agostinho e a santíssima Trindade". Disponível em *ministeriofiel.com.br/artigos/agostinho-e-a-santissima-trindade*. Acesso em 15 de agosto de 2019.

ao criar mulheres e homens, Deus tinha o desejo de estender sua comunidade a outros seres, fazendo para Si mesmo uma grande família.

Assim, tanto a sua família como a de Deus têm como princípio e fundamento o próprio Senhor. Não é, portanto, uma invenção do Homem, mas uma criação divina para a humanidade.

O pecado do Homem e o sofrimento do Filho

O primeiro passo que o ser humano deu para fora da família foi quando pecou. Naquele dia, homem e mulher se afastaram do propósito de harmonia e amor que Deus tinha para eles, tanto no convívio entre si como com o Criador. Tornando-se rebeldes e mesquinhos, eles fizeram como o Filho Pródigo, dizendo ao Pai de amor: "Pai, quero minha parte da herança. Você está morto para mim, quero viver segundo o que eu acho melhor" (cf. Lucas 15.12). Foi nesse dia, nesse momento de indisciplina, que o véu da obscuridade mencionado por Paulo encobriu o coração humano. Embora os olhos do primeiro casal tenham se aberto para conhecer o bem e o mal (Gênesis 3.5-7), ficaram cegos para Deus, um para o outro e para si mesmos. Tudo se tornou manchado pela vergonha, e a melhor saída que encontraram foi tentar se esconder do olhar do outro, tapando-se com folhas de figueira.

É impossível ter um relacionamento pleno e real com qualquer pessoa quando não há transparência, mas, em vez disso, segredos e coisas escondidas.

Sendo assim, o pecado trouxe como consequência o peso da justiça de Deus sobre o ser humano e todos os seus relacionamentos. A harmonia foi substituída por troca de acusações, inimizade, sofrimento multiplicado, domínio e maldição. O estrago foi grande e profundo demais para que o Homem caído pudesse fazer algo para redimir-se. Nenhuma tentativa de se justificar diante do Criador seria eficaz, pois Seu padrão de santidade é inalcançável para nós.

> O Senhor olha dos céus para os filhos dos homens, para ver se há quem tenha entendimento, alguém busque a Deus. Todos se desviaram, igualmente se corromperam; não há ninguém que faça o bem, não há nem um sequer. (Salmos 14.2-3)

> [...] pois todos pecaram e estão destituídos da glória de Deus. (Romanos 3.23)

Ao pecar, nos tornamos inimigos de Deus (Romanos 5.10a). Se não fosse por Seu amor doador, permaneceríamos perdidos em nossa condição.

> De fato, no devido tempo, quando ainda éramos fracos, Cristo morreu pelos ímpios. Dificilmente haverá alguém

que morra por um justo, embora pelo homem bom talvez alguém tenha coragem de morrer. **Mas** Deus demonstra seu amor por nós: Cristo morreu em nosso favor quando ainda éramos pecadores. (Romanos 5.6-8 – grifo da autora)

O "mas" que destaquei no meio deste último trecho é o maior "mas" da História. É o que rega e faz brotar a esperança de que há uma saída para a humanidade. Por meio dele, vemos que existe redenção para o Homem pecador, e também para a família.

A única Família que não foi comprometida pelo pecado no mundo é a que pôde nos salvar. E esse ato custou caro a todos os seus membros, mas estavam dispostos a pagar o preço de nos redimir, assim como desejaram nos criar. Dessa forma, em obediência ao Pai, e no poder do Espírito, o Filho desceu da comunidade de amor para ser, de uma vez por todas, o sacrifício que justifica o ser humano diante do Senhor. Ele veio buscar o Homem pecador para reintegrá-lo à família do Pai, transformando-o de inimigo em filho de Deus, como Ele próprio é.

Seu trabalho começou com o esvaziamento de Sua glória. O Verbo, que estava no princípio com Deus, cercado pela adoração dos seres celestiais, abriu mão de sua realidade perfeita e assumiu o formato de um bebezinho na barriga de uma jovem. Ele se sujeitou à criação de pais humanos imperfeitos, a uma vida de pobreza e insignificância numa região remota do mundo. Submeteu-se à Lei de Deus, e a cumpriu na íntegra.

Foi traído por seus amigos; julgado injustamente pelos inimigos; zombado e agredido pelos indiferentes; e condenado à morte mais cruel que alguém poderia ter: abandonado na cruz.

Jamais seremos capazes de compreender o que Cristo experimentou. Não foi somente um sofrimento físico, mas mesmo se fosse apenas por esse aspecto, sua dor ainda seria das mais agudas. Antes da cruz, ele passou por açoites (João 19.1) que costumavam ser tão cruéis a ponto de muitos prisioneiros morrerem ali mesmo, além de todas as outras agressões físicas, que incluíram apanhar e ser coroado com espinhos (Mateus 27.27-30). A caminho do Calvário, foi condenado a carregar, sobre o corpo já moído, a cruz na qual seria executado (João 19.17). Naquele bruto pedaço de madeira, suas mãos foram pregadas (João 20.25) em vez de terem sido simplesmente amarradas, como era de praxe. Ele ficou pendurado em terrível agonia e humilhação por seis horas, durante as quais não teve nem o direito de beber água para matar sua sede (João 19.28-29). Por fim, extenuado pelo "penoso trabalho" que prestava (cf. Isaías 53.11 – ARA), morreu.

Isso tudo ainda pode ser somado ao terrível sofrimento emocional pelo qual nosso querido Mestre passou. Na última refeição com Seus amigos mais chegados, declarou que um deles O trairia (Marcos 14.18) e que outro O negaria (Lucas 22.31-34). Depois, sabendo que horas difíceis se aproximavam, foi buscar refúgio na oração, acompanhado dos companheiros mais íntimos. Estes, porém, foram incapazes de perceber o momento delicado em que Jesus se encontrava e dormiram (Mateus 26.40-46). Enquanto clamava sozinho, a agonia do Senhor se materializou na forma de suor que caía em gotas de sangue (Lucas 22.44). Foi injustamente preso, e, quando isso aconteceu, o restante de Seus amigos fugiu (Mateus 26.56). Em julgamento, ouviu todo tipo de calúnias contra Sua pessoa, sem, contudo, proferir nenhuma só palavra (Marcos 14.61). No processo, recebeu cuspes, como uma expressão de desprezo (Mateus 26.66), e ouviu insultos e zombaria (Lucas 23.11). Por fim, no auge da sua dor, quando sorvia toda a fúria de Deus que estava destinada ao Homem pecador, o sentimento latente para Cristo foi a separação do Pai, com quem desfrutava de comunhão eterna. Então gritou: "Meus Deus! Meu Deus! Por que me abandonaste?" (Marcos 15.34).

Foi isso que custou o "mas" em que se baseia toda nossa esperança. Porém, tenho outro "mas" em meu coração: "Mas por que Jesus fez isso?". Sim, por que se sujeitar a tanta humilhação, a tanto sofrimento? Qual o motivo de rasgar Sua alma e Seu corpo num ato público de sacrifício?

Creio que duas coisas motivaram nosso Senhor a passar pela cruz. Em primeiro lugar, a obediência a Deus. Geralmente quando se menciona na Bíblia o Filho cumprindo a vontade do Pai, o foco é Sua morte.

Esta não era uma ordem simples, e Jesus pediu que, se possível, fosse poupado desses momentos (Mateus 26.39; Hebreus 5.7). Mas Cristo sempre se sujeitou ao que o Pai O destinava a fazer, até torná-lo sua própria vontade:

> Por isso é que meu Pai me ama, porque eu dou a minha vida para retomá-la. Ninguém a tira de mim, mas eu a dou por minha espontânea vontade. Tenho autoridade para dá-la e para retomá-la. Esta ordem recebi de meu Pai. (João 10.17-18)

> Agora meu coração está perturbado, e o que direi? Pai, salva-me desta hora? Não; eu vim exatamente para isto, para esta hora. Pai, glorifica o teu nome! (João 12.27-28)

> E, sendo encontrado em forma humana, humilhou-se a si mesmo e foi obediente até a morte, e morte de cruz! (Filipenses 2.8)

> Durante os seus dias de vida na terra, Jesus ofereceu orações e súplicas, em alta voz e com lágrimas, àquele que o podia salvar da morte, sendo ouvido por causa da sua reverente submissão. Embora sendo Filho, ele aprendeu a obedecer por meio daquilo que sofreu. (Hebreus 5.7-8)

A segunda razão que motivou Cristo a passar pela cruz foi a recompensa que Lhe estava proposta como decorrência de Seu sofrimento e de Sua obediência ao Pai.

Quando o profeta Isaías predisse o sacrifício do Filho de Deus, ele anunciou também que haveria uma recompensa para este Servo: Ele veria o fruto do penoso trabalho da sua alma e se alegraria (Isaías 53.11). Da mesma forma, o autor aos Hebreus disse que Jesus, "pela alegria que lhe fora proposta, suportou a cruz" (12.2). O que estas palavras querem dizer? Que havia uma promessa de satisfação para Cristo depois do Calvário, e isso O motivou a enfrentar todo o sofrimento que estava para suportar.

A recompensa de Cristo

A recompensa destinada a Jesus era, nada mais, nada menos que todos nós que compomos a família de Deus. Sim, você e eu! De fato, na cruz, Ele pagou o preço de nossos pecados e tomou sobre Si a ira divina que estava endereçada aos filhos rebeldes.

> Mas ele foi transpassado por causa das nossas transgressões, foi esmagado por causa de nossas iniquidades; o castigo que nos trouxe paz estava sobre ele, e pelas suas feridas fomos curados. Todos nós, tal qual ovelhas, nos desviamos, cada um de nós se voltou para o seu próprio caminho; e o SENHOR fez cair sobre ele a iniquidade de todos nós. (Isaías 53.5-6)

No entanto, este não foi um ato apenas contratual, uma quitação de dívidas. Cristo foi movido de profundo amor pelo Pai e pelos filhos perdidos que queria trazer de volta para casa (cf. João 11.52). Afinal, "ainda que eu dê aos pobres tudo o que possuo e entregue o meu corpo para ser queimado, se não tiver amor, nada disso me valerá" (1 Coríntios 13.3). Assim, quando Jesus pagou nossa dívida, não fez isso para amarrar pontas que ficaram soltas ou para zerar as contas. Seu propósito, o desejo do coração do Senhor, foi o de alcançar Seus amados irmãos que estavam distantes, perdidos e impossibilitados de voltar à casa do Pai. Ele Se sacrificou por nos amar, por nos querer perto. Ou seja, Cristo nos salvou não porque precisa de nós ou de nosso serviço. O Senhor não tem falta de nada que supostamente possamos Lhe oferecer. Mas fez isso simplesmente porque nos ama e Se alegra em nós.

> O Senhor, o seu Deus, está em seu meio, poderoso para salvar. Ele se regozijará em você; com o seu amor a renovará, ele se regozijará em você com brados de alegria. (Sofonias 3.17)

A grande recompensa que Jesus recebeu pelo sacrifício oferecido na cruz é você e eu. Isso mostra o quanto somos preciosos aos olhos do Senhor, e o quanto Ele deseja ardentemente nossa companhia. Cristo viu, de antemão, o fruto. Seus olhos estavam fixos naquilo que conquistaria lá na frente: povos de todas as línguas, tribos, nações e raças. Mirando essa recompensa, Ele disse: "Vai valer a pena". Embora tenha sentido a dor da traição, dos açoites, das acusações injustas, dos escárnios, da solidão e da cruz, não focou nestas coisas. Perdoou aqueles que O ofenderam quando clamou: "Pai, perdoa-lhes, pois não sabem o que estão fazendo" (Lucas 23.34). Ele tinha um foco, que era fazer a vontade do Pai e, então, herdar a glória eterna ao lado de Deus e daqueles que seriam redimidos pelo Seu sacrifício.

Portanto, somos completamente indignos disso, mas carecemos dessa afirmação do amor de Deus a nosso respeito mais do que qualquer outra coisa. Particularmente, venho de um ambiente em que a rejeição era algo comum, e a autorrejeição era até um hábito. Durante boa parte da minha vida, eu me autorrejeitei. Da mesma maneira, alguns cristãos creem erroneamente que a autoflagelação emocional que praticam, por meio de pensamentos do tipo: "Eu não sou ninguém" ou "Eu não valho nada", é sinônimo de humildade e santidade. Não creio que seja assim. A Palavra me faz entender que os filhos de Deus precisam desenvolver uma aceitação pessoal saudável. A Bíblia presume que o ser humano compreenda seu valor pessoal, que tem por premissa mais básica o fato de ter sido criado por Deus à imagem e semelhança d'Ele. Além disso, o cumprimento do segundo grande mandamento — "Ame o seu próximo como a si mesmo" (Marcos 12.31) — pressupõe amor próprio: *como a si mesmo*. O amor que tenho pelo outro possui, como medida, o amor que tenho por mim mesma. Assim, se desprezo minha humanidade, se sou dura e incomplacente com minhas próprias falhas, certamente tratarei os outros da mesma forma.

Para mim, entender que Jesus me amava apesar de eu não me amar e descobrir que tudo que Ele fez foi com o propósito de estar comigo eternamente foi algo tão maior do que eu poderia compreender que gerou em mim um constrangimento enorme. Eu simplesmente era incapaz de resistir e me conter diante de tamanha demonstração de amor.

Lembro-me de uma experiência que tive quando esse amor me foi revelado. Na época, vivíamos tempos de grande visitação de Deus em nossa igreja e cidade. Eu já era casada e dava aulas de canto. Um dia, essa nova realidade me invadiu de forma tão latente que trabalhei o expediente inteiro com um nó na garganta, uma vontade doida de chorar. Queria me recolher no secreto e colocar para fora aquilo que estava sobrando, que não cabia mais dentro e mim. Isso aconteceu porque eu havia sido inundada pelo amor de Jesus, e todas as coisas que ocupavam meu coração de autorrejeição precisavam sair.

Quando o amor de Deus vem, lança para fora a amargura e a baixa autoestima. Preenche-nos de tal forma que expulsa tudo aquilo que resiste a Ele. E eu tinha tantas dessas coisas dentro de mim! Anos de autorrejeição, absorvendo o que outros diziam negativamente a meu respeito. Tudo aquilo queria e precisava sair do meu coração.

Quando cheguei em casa, à noite, disse para o Gustavo: "Por favor, ore comigo". Na época, morávamos de aluguel em um apartamento duplex, o primeiro piso era nossa casa e o segundo era um pequeno estúdio. Subimos ao andar de cima. O Gustavo colocou uma canção que o pastor Cirilo havia gravado naquele mesmo dia, a qual dizia: "Não existe ninguém mais importante que o meu Amado, não existe ninguém mais importante que o Senhor".[2] Enquanto a música soava baixinho no estúdio, o amor do Senhor preenchia todo o cômodo e me invadia. Eu chorei o que havia acumulado durante todo aquele tempo. Coloquei para fora as questões de racismo que havia enfrentado, a ausência da paternidade, as palavras de peso, a carência de afirmação... Tudo isso saía à medida que o amor de Deus entrava em meu coração. Aquela noite causou um impacto tão grande em mim que serviu de gatilho para que muitas coisas se desenrolassem em minha vida, em termos ministeriais, familiares e relacionais. A partir daquele encontro com o amor do Pai, muitos sonhos e planos tomaram forma.

Creio que é isso que o Senhor quer fazer conosco: nos livrar de nós mesmos, de nossas mazelas e mágoas. Quando esse amor é revelado dentro de nós, somos

---

[2] CIRILO. **Adoração íntima**. Rio de Janeiro: Graça Music, 2002.

sarados em nossa alma e em nosso corpo. E é exatamente a isso que a Bíblia se refere quando diz que "o perfeito amor expulsa o medo" (1 João 4.18).

Uma família restaurada

O sacrifício de Jesus não somente possibilitou a cura e a restauração da visão que temos a nosso respeito, como também foi capaz de regenerar nossos pensamentos e experiências em relação aos nossos lares. Essa obra de Cristo tem alcance universal. Todas as boas coisas que Deus criou recebem redenção a partir da cruz (cf. Romanos 8.18-22). Isso certamente inclui a família. Ela é a boa criação do Senhor, que foi profundamente afetada pelo pecado, mas está em processo de restauração por meio do sacrifício de Jesus.

Na cruz, o Senhor começou o processo de união das famílias terrenas (falarei mais a respeito disso no capítulo que aborda a descida do Espírito Santo) e lançou os fundamentos para a edificação da família de Deus. Por causa da morte e ressurreição de Cristo, quando cremos, somos feitos filhos. Ainda que nosso conceito de filiação tenha sido estragado por causa do pecado em nossa história, ele é mudado e renovado quando temos esse encontro com Deus.

Por meio desse impacto inicial, nossas relações familiares começam a sarar. Creio que todos precisam de cura nesta área. Temos pais humanos que falham, e nós mesmos erramos com nossos filhos. Isso sem contar aqueles que possuem pais ausentes, abusivos ou controladores. A respeito dessas situações, preciso mencionar que estive no sertão brasileiro há pouco tempo, e as histórias que ouvi referentes à paternidade abusiva são absolutamente estarrecedoras. Fala-se com frequência de casos de incesto, de homens que têm filhos com as próprias filhas. As implicações disso são terríveis. Mas mesmo em circunstâncias menos graves, a deturpação da paternidade gera sequelas, pois a figura do pai é fundamental na vida de uma criança e a afirmação paternal é essencial para a formação da personalidade e do caráter de uma pessoa, seja ela do sexo masculino ou feminino. Os filhos que não recebem elogios paternos acabam se tornando adultos inseguros, que não possuem autoconfiança e têm dificuldade de enfrentar desafios.

Trata-se de uma distorção completa daquilo que Deus planejou para a família, especificamente para o homem, que representa o Pai celeste. O inimigo age nessa área, fazendo com que as pessoas se encontrem emocionalmente incapazes de desenvolver uma ideia saudável de paternidade, tornando a maior parte da sociedade insegura e confusa a respeito desse assunto.

Essa distorção também afeta a opinião do indivíduo sobre a autoridade. É comum o pensamento de que qualquer tipo de hierarquia será abusiva, porque, muitas vezes, o exemplo inicial que se tem em casa demonstra isso. Torna-se, então, difícil para pessoas que passaram por situações como essas se sujeitarem à autoridade, inclusive à do Senhor, e entenderem que submeter-se a Deus é colocar-se nas mãos de um Pai amoroso, misericordioso, que zela e cuida de Seus filhos.

Contudo, por meio do Espírito Santo, Deus se revela como Pai perfeito. É impressionante como o Seu amor é capaz de curar a história das pessoas. É poderoso para mudar o ambiente em que vivemos, trazer perspectiva de futuro e renovar sonhos. Isso, porque o entendimento de que o Senhor não é como os homens é absolutamente libertador para o ser humano. Ele é o Pai que não falha. Em vez disso, ama, corrige, supre as necessidades, caminha ao nosso lado e chora conosco as nossas dores.

Por isso, creio que a cura começa ao conhecermos e nos apropriarmos do que o Pai fala ao nosso respeito. E o que Ele diz sobre você é exatamente o mesmo que afirmou sobre Jesus: "Tu és o meu Filho amado; em ti me agrado" (Lucas 3.22). É importante notar que Deus disse essas palavras ao Seu Filho antes que Ele tivesse começado Seu ministério. Cristo não havia realizado uma única cura, nenhum milagre. Não havia nem mesmo pregado o Reino, e o Pai já O amava. Em outras palavras, Jesus não precisou comprovar nada para merecer o amor paterno.

De igual modo, somos filhos amados incondicionalmente. O amor de Deus não possui medida: não aumenta nem diminui de acordo com nossas atitudes, conquistas ou falhas. Uma vez que o Senhor é integralmente Amor, tudo o que Ele ama é com igual intensidade. Saber disso foi algo que afetou profundamente a ideia que eu tinha a respeito do Pai celeste, e de como Ele me aceitava.

Inconscientemente, por mais que ouvisse e soubesse que Deus me amava, meu relacionamento com Ele era baseado no meu desempenho. Era por meio de esforço pessoal que eu acreditava que o Senhor me aprovaria. Realizava tarefas para Ele e usava os dons que havia recebido na tentativa de conquistar a aceitação das pessoas, do meu pai terreno e até de Deus. Quando recebi Seu amor e Sua afirmação a meu respeito, caiu por terra toda essa necessidade de fazer algo para ser amada. Eu era aceita, e ponto-final. Não precisava me provar nem tentar conquistar Seu amor. A única coisa que me senti desafiada a fazer foi dar a Deus uma resposta em relação a esse amor.

Conhecendo e correspondendo ao amor de Deus

Da mesma forma que o amor de Deus me invadiu, Ele tem sentimentos a seu respeito e quer que você os conheça. Por isso, em Apocalipse 1.5, João descreve Jesus como aquele que "nos ama e nos libertou dos nossos pecados por meio do seu sangue". Ou seja, se Ele não o amasse, não teria morrido por você.

Mas de que maneira Deus nos ama? Tentamos responder a esse questionamento encaixando o Seu amor na nossa perspectiva limitada. Comparamos a forma como Ele o sente e expressa com os nossos próprios relacionamentos. Assim como nos referimos mentalmente à nossa família quando falamos da família de Deus, e como pensamos em nosso pai quando tratamos do Pai celeste, é bem possível que associemos o nosso jeito de amar as pessoas com o amor de Deus.

O problema é que geralmente amamos os outros pelo que são ou pelo que nos fazem. Alguns são mais "fáceis" de amar. Já conheceu alguém que, de tão querido, você teve vontade de "levar para casa"? Uma pessoa dócil, agradável, simpática? Essas são as que gostamos pelo que são. Há, por outro lado, aquelas mais secas, duronas, com uma personalidade mais fechada. Talvez seja difícil morrer de amores por essas pessoas num primeiro contato. Então, quando menos se espera, elas fazem enormes demonstrações de carinho e abnegação por nós, e tornam-se as que amamos pelo que fazem.

O Senhor, porém, não nos ama nem pelo que fazemos nem por quem somos, mas sim porque Ele é amor (1 João 4.8). Sendo assim, quando nos ama, Deus está simplesmente sendo Ele mesmo. Isso é tremendo. Significa que o Seu amor por mim só se abalará quando Ele deixar de ser Deus! Se isso algum dia acontecesse, então eu poderia ficar preocupada em ter de garantir os sentimentos divinos a meu respeito. Já que não é assim, realmente não corro esse risco.

O amor de Deus é inabalável e inalterável, porque está enraizado em quem Ele é, e não em quem eu sou ou no que faço. É infalível, pois o próprio Senhor não falha. E é imutável, uma vez que Deus permanecerá o mesmo para sempre. Assim, o que o Espírito Santo revelou por gerações a respeito do amor do Senhor por Seu povo permanece sendo verdade para você e para mim hoje:

> Haverá mãe que possa esquecer seu bebê que ainda mama e não ter compaixão do filho que gerou? Embora ela possa esquecê-lo, eu não me esquecerei de você! (Isaías 49.15)

> O Senhor lhe apareceu no passado, dizendo: "Eu a amei com amor eterno; com amor leal a atraí". (Jeremias 31.3)

> Pois estou convencido de que nem morte nem vida, nem anjos nem demônios, nem o presente nem o futuro, nem quaisquer poderes, nem altura nem profundidade, nem qualquer outra coisa na criação será capaz de nos separar do amor de Deus que está em Cristo Jesus, nosso Senhor. (Romanos 8.38-39)

Costuma-se chamar o que Deus sente por nós de "amor ágape". Essa palavra grega é a expressão mais alta de amor, pois envolve doação, sacrifício e abnegação.

Ela diz respeito à rendição, entrega total sem esperar algo em troca. Dessa forma, Jesus é a encarnação desse amor.

Para mim, esse ato se torna ainda mais radical diante do fato de que eu nunca fiz nada para merecê--lo. Muito pelo contrário. Tudo o que fiz só me levou a um lugar de condenação. Ainda assim, Deus me amou não só com palavras, mas concretizou seu sentimento no sacrifício doloroso de Seu único e amado Filho, que prontamente obedeceu à vontade do Pai.

Sim, Deus tem sentimentos a nosso respeito. Ele nos ama, deseja estar conosco e quer que saibamos disso. E, mais do que tudo, o Senhor deseja que o correspondamos com o nosso amor.

Mas veja bem, Deus não quer que você retribua da mesma forma que Ele. É impossível fazer isso. Prova disso é que, em Efésios 3.17-19, o apóstolo Paulo diz que o amor divino excede todas as nossas unidades de medida e todo o nosso entendimento:

> [...] e oro para que, estando arraigados e alicerçados em amor, vocês possam, juntamente com todos os santos, compreender a largura, o comprimento, a altura e a profundidade, e conhecer o amor de Cristo que excede todo conhecimento, para que vocês sejam cheios de toda a plenitude de Deus.

Não há como nos equipararmos a algo que nem sabemos o quanto vale ou o tamanho que tem. Sendo assim, o Senhor quer apenas que façamos o nosso melhor para amá-lO de todo o coração, em vez de nos comportar de maneira insensível e desinteressada.

A respeito disso, lembro-me de que, na minha adolescência, eu costumava nutrir atração por rapazes que não me correspondiam. Era um sentimento unilateral. Eu sofri por isso muitas vezes, infelizmente. Quando o garoto de quem eu gostava se aproximava, era só eu que sentia o arrepio, e ele, absolutamente nada. Então, entendi que um amor platônico é uma ilusão, uma fantasia da nossa cabeça. E dói muito.

Ao contrário de mim, o Senhor não sofre de "paixonite". Diferentemente dos adolescentes que guardam seu sentimento em silêncio, mantendo-o só para si, Deus proclama aos quatro cantos o amor que tem por nós, para que saibamos o quanto somos queridos, mas também para que possamos correspondê-lo. Além disso, por meio do Seu Espírito, Ele trabalha no coração dos Seus filhos para aperfeiçoar neles a capacidade de amar. O Senhor está agindo no meio do Seu povo, de maneira muito linda, para que amemos a Cristo de forma completa, tal como uma noiva com seu noivo. Esta é a segunda maneira pela qual entramos na família de Deus. É uma dupla garantia. Somos adotados como filhos, mas também seremos recebidos como Noiva.

O grande casamento

A Bíblia é um livro muito rico de comparações e metáforas. Acredito que Deus escolheu usar essa linguagem para que pudéssemos entender com mais clareza a complexa realidade espiritual que nos cerca, mas que, muitas vezes, não podemos ver nem compreender. Por isso, há muitas palavras e expressões para se referir a Jesus, e cada termo ressalta uma característica d'Ele: Verbo, Cabeça, Príncipe, Rei, Servo, Leão, Cordeiro, Messias (ungido), entre outros. Da mesma forma, a Igreja recebe muitos "apelidos": povo de Deus, corpo, família e noiva. De todos estes, o fato de sermos noiva de Cristo tem um sentido muito especial.

Para alcançar e apreciar melhor essa comparação, precisamos entender como funcionava o casamento no contexto judaico, a partir do qual todos os autores bíblicos escreveram. Naquele tempo, as pessoas se casavam bastante jovens, e geralmente o faziam por meio de um contrato que acontecia entre indivíduos que pertenciam ao mesmo círculo de convivência, como o clã ou a família. Quem negociava o acordo eram os pais dos noivos. Vemos isso na história de Isaque. Foi Abraão, seu pai, que deu início ao processo de buscar uma esposa para o filho. Como era idoso, incumbiu seu servo mais antigo e fiel de representá-lo. O servo viajou até o clã original da família de Sara, esposa de Abraão e mãe de Isaque, e combinou com o pai da noiva, em nome de seu marido, os detalhes do casamento de seu filho com Rebeca (Gênesis 24).

Além disso, o casamento na cultura judaica acontecia em duas etapas: o noivado e o matrimônio. Na primeira, estabelecia-se um contrato — uma aliança — e pagava-se o dote à família da noiva. O dote era uma espécie de recompensa que o noivo oferecia por tirar a moça da casa dos pais e levá-la para a sua. Isso era importante porque, na estrutura familiar da época, cada membro da casa era muito útil para manter os negócios do lar. Quando uma moça se casava, seus pais perdiam um membro funcional da família, ao passo que a casa do noivo ganhava um integrante, uma vez que, depois do casamento, a noiva passava a morar com o marido na propriedade do pai dele. Logo, essa coisa de "quem casa quer casa" é algo bastante recente!

O matrimônio, a segunda etapa do casamento, era o dia em que o noivo ia buscar a noiva, assim que estivesse tudo pronto. Então, ocorriam alguns rituais que poderiam durar de algumas horas até dias. Terminada essa fase, os participantes faziam um cortejo até a casa do noivo, onde a cerimônia de casamento propriamente dita aconteceria, e celebravam a união com muita festa. Um bom exemplo disso é a celebração em Caná, quando Jesus transformou mais de 250 litros de água em vinho (João 2.1-11).

De maneira geral, o noivado era mais importante que o matrimônio, pois era nele que aconteciam os principais trâmites do casamento: o estabelecimento da aliança e o pagamento do dote. A partir desse momento, os jovens já eram considerados "esposos" um do outro, ou "desposados" um pelo outro, ainda que continuassem a viver cada um em sua casa. O noivado era tão sério e definitivo que só poderia ser desfeito com divórcio. Além disso, se houvesse caso de traição, o ofensor seria punido com o mesmo castigo dos adúlteros casados.

Vemos a seriedade do noivado na história de Maria e José. Quando ela recebeu a visitação do Espírito Santo e concebeu Jesus, era noiva de José (Mateus 1.18). Ao saber que ela estava grávida, ele desejou anular o casamento em vez de denunciá-la, pois isso certamente resultaria na morte de Maria (cf. João 8.4-5). Para ele, sua noiva o havia traído, mas por ser "um homem justo" (Mateus 1.19), não quis difamá-la. Foi preciso que um anjo lhe aparecesse em sonho e lhe explicasse o que havia acontecido com ela.

Considero tremenda a clara correspondência entre esses antigos costumes nupciais e o relacionamento de Jesus com a Igreja. Em primeiro lugar, como no casamento judaico, a iniciativa de estabelecer uma aliança parte do Pai: "Porque Deus tanto amou o mundo que deu o seu Filho Unigênito" (João 3.16a). Junto a essa afirmação, em muitas outras passagens no Evangelho de João, o Senhor Jesus deixa claro que foi Deus Pai quem O enviou, e que Ele está fazendo uma obra que nasceu no coração de Seu Pai.

Além do mais, assim como o processo de casamento na cultura judaica ocorria em duas etapas, o relacionamento de Jesus com a igreja também está acontecendo em duas fases. A primeira se deu quando o Senhor veio e estabeleceu uma aliança com Sua Noiva. Na carta aos Hebreus, há diversas referências de que isso aconteceu por meio do próprio sangue do Noivo, o que demonstra seu sacrifício e interesse absoluto pela Igreja. O sangue também faz menção ao preço que Jesus pagou por nós. Como o dote era obrigatório para que o casamento se concretizasse, esse ato aproximava-se, de certa forma, de uma transação de compra e venda. Neste sentido, Jesus comprou "a igreja de Deus, [...] com o seu próprio sangue" (Atos 20.28; veja também 1 Coríntios 6.20; 7.23; Apocalipse 5.9; 14.3).

Concluída esta primeira parte, o Noivo foi para a casa do Pai, onde está preparando lugar para receber Sua Noiva (João 14.2). E, em breve, Ele voltará para buscá-la e tomá-la eternamente para Si. Este matrimônio será marcado por uma grande festa:

> Regozijemo-nos! Vamos alegrar-nos e dar-lhe glória! Pois chegou a hora do casamento do Cordeiro, e a sua noiva já se aprontou. (Apocalipse 19.7)

Diante disso, precisamos entender que o noivado e o matrimônio são figuras que o Espírito Santo usou nas Escrituras para falar do amor de Cristo, Seu compromisso e devoção por Sua Noiva. Nem todos os detalhes do casamento têm correspondência exata nessa ilustração, mas o ponto central é compreender que Jesus ama Sua Igreja com a mesma devoção que um casal prestes a desposar-se, e Ele se mantém fiel em todas as promessas que fez.

A ilustração do casamento foi usada ao longo de toda a Bíblia para demonstrar o amor e a fidelidade de Deus para com Seu povo (Isaías 54.5-6; Jeremias 31.32; Ezequiel 16). Algumas vezes, essa metáfora também era utilizada para apontar, em termos práticos, a infidelidade do povo para com o Senhor, como é o caso de todo o livro de Oseias. Tanto por meio de sua vida pessoal como por suas palavras, o profeta transmitiu a Israel a mensagem de que a nação, a esposa de Deus, havia se tornado adúltera, vendendo-se a outros homens e submetendo-se a outros ídolos, aos quais chamava de "senhor". Mas esta mesma profecia prometia à nação escolhida um novo dia em que, mesmo em meio ao pecado, Deus a justificaria em amor, dizendo-lhe: "Eu me casarei com você para sempre; eu me casarei com você com justiça e retidão, com amor e compaixão. Eu me casarei com você com fidelidade, e você reconhecerá o Senhor" (Oseias 2.19-20).[3]

Jesus também usou a figura do matrimônio para representar Sua relação presente e futura com os discípulos. Ele se comparou a um noivo que alegrava os amigos e convidados com sua presença (Marcos 2.9).

---

[3] LADD, George. **Apocalipse**: introdução e comentário. São Paulo: Vida Nova, 1996, p. 182.

Nesse contexto, João Batista afirmou que Cristo era o noivo, e que ele mesmo era apenas um amigo (João 3.29). Nessas duas ilustrações, a noiva não aparece, porque o objetivo delas é enfatizar a centralidade de Jesus como o principal agente de redenção da Igreja, o único digno de possuí-la.

A exemplo de João Batista, o apóstolo Paulo também se colocou nos "bastidores" desse casamento grandioso quando disse à igreja de Corinto:

> O zelo que tenho por vocês é um zelo que vem de Deus. Eu os prometi a um único marido, Cristo, querendo apresentá-los como uma virgem pura. (2 Coríntios 11.2)

Tanto Paulo como João Batista tinham consciência de que nem a igreja nem a obra pertenciam a eles, mas a Jesus.

O tema do casamento também aparece quando o assunto é a vinda do Reino dos Céus, ainda que não fale especificamente da noiva. A parábola do banquete (Mateus 22.1-14) conta a respeito de pessoas convocadas para as núpcias do filho de um rei. Quando os convidados nobres e dignos rejeitam a proposta, o rei manda seus servos encherem o salão de festas com gente improvável e indigna. O que essa história mostra é a generosidade de Deus em incluir todo tipo de pessoa em seu Reino eterno, e seu rigor em julgar aqueles que desprezam o convite. Além disso, é interessante lembrar que o estabelecimento definitivo do Reino de Justiça de Cristo na Terra é comparado, no Apocalipse, a um grande banquete de casamento, do qual apenas alguns poderão participar: "Felizes os convidados para o banquete do casamento do Cordeiro!" (19.9).

Em outra parábola, a das virgens (Mateus 25.1-13), lemos a respeito de moças que deveriam acompanhar o cortejo nupcial. Como já mencionei, as cerimônias que aconteciam na casa da noiva não tinham hora nem dia certos para acabar. Mas assim que terminavam, todos seguiriam alegremente até a casa do noivo, onde começariam as festas. Nessa caminhada, os vários convidados se uniriam com suas lâmpadas — potinhos em que um pedaço de pano embebido em azeite era acendido. Quem estivesse no cortejo sem a tocha seria considerado um "penetra". Assim, o ponto central da parábola é alertar os discípulos a permanecerem vigilantes, mantendo suas lamparinas com azeite, pois ninguém sabe a hora em que o Noivo irá chegar. Caso Ele venha e encontre alguém com a lâmpada apagada, este não poderá participar do casamento.

Depois de Jesus, o apóstolo Paulo também usa o tema do casamento para estabelecer paralelos. Em Romanos, ele compara a sujeição das pessoas à Lei com a submissão de uma mulher ao marido. O casal está ligado "enquanto ele estiver vivo; mas, se o marido morrer, ela estará livre da lei do casamento" (Romanos 7.2). Da mesma forma, com a vinda de Jesus, os que creem n'Ele não estão mais presos à Lei "por meio do corpo de Cristo, para pertencerem a outro, àquele que ressuscitou dos mortos, a fim de que venhamos a dar fruto para Deus" (v. 4). Em seu sacrifício, o Senhor nos libertou da escravidão espiritual, convidando-nos a nos submetermos a Ele em amor, e não mais em uma obrigação legalista.

Por fim, a comparação mais clara que Paulo faz está em Efésios 5. Ele exorta os crentes de Éfeso sobre como deve ser sua conduta familiar, começando com o trato do casal entre si. Enquanto foca nas obrigações do marido, o apóstolo apresenta Jesus como o maior exemplo de esposo, que:

> [...] amou a igreja e entregou-se por ela para santificá-la, tendo-a purificada pelo lavar da água mediante a palavra, e para apresentá-la a si mesmo como igreja gloriosa, sem mancha nem ruga ou coisa semelhante, mas santa e inculpável. (vs. 25b-27)

Mais uma vez, o amor do Noivo se evidencia em sacrifício e entrega. Porém, algo que também fica claro nessa passagem é que ele é quem se encarrega de adornar e arrumar a Noiva para o dia do casamento. O compromisso de Jesus com sua Igreja é integral, desde a preparação até o casamento em si.

Dupla demonstração de amor

Seja como filho ou como Noiva, a Igreja é convidada a desfrutar do amor, da alegria e da intimidade que são plenos na família da Trindade. Por um lado, a filiação deixa evidente o aspecto do amor de Deus que nos faz semelhantes ao Seu Filho querido, em quem tem grande alegria. Nenhum outro plano divino para nossa vida é superior a esse. Isso se confirma na afirmação de Paulo aos romanos sobre este objetivo do Senhor de nos fazer filhos. Ele diz que "todas as coisas cooperam para o bem daqueles que amam a Deus, daqueles que são chamados segundo o seu propósito" (Romanos 8.28 – ARA). Mas este "bem" não é qualquer bem, não é qualquer coisa que nos satisfaça. Por isso, o versículo seguinte diz qual é o bem maior para o qual se encaminha tudo o que acontece na minha e na sua vida: "para serem conformes à imagem de seu Filho" (v. 29 – ARA). Ou seja, quando Deus nos convida a nos integrarmos à sua família, está desejando formar em nós o caráter íntegro, saudável, pleno e perfeito de Jesus. Ele quer filhos e filhas que se pareçam com Cristo, e está trabalhando intensamente para isso.

Quando nos insere na família como Noiva de Cristo, Deus está evidenciando sua aliança. Embora a visão sobre o casamento esteja atualmente tão desgastada pelo pecado, seu princípio maior é o de amor baseado em um compromisso eterno. Alianças são acordos inquebráveis, invioláveis, que criam um ambiente de segurança. Ao nos tratar como Noiva, Cristo estabeleceu esse vínculo conosco que jamais será desfeito. Portanto, podemos ficar seguros no seu amor e cuidado por nós. Ele pagou um preço altíssimo para nos desposar, e isso nos dá a garantia de que seu compromisso para conosco é inquebrável, pois esta aliança está estabelecida no que Jesus fez por nós, e não no que podemos fazer por Ele. Assim, o próprio Deus Se compromete em abençoar a aliança e em zelar por ela.

Capítulo 2
O anseio do Noivo

> Pai, quero que os que me deste estejam comigo onde eu estou e vejam a minha glória, a glória que me deste porque me amaste antes da criação do mundo. (João 17.24)

O relacionamento entre a Trindade é o paradigma da relação entre Cristo e Sua Noiva. O que Pai, Filho e Espírito experimentam entre Si é o que Jesus Cristo quer que Sua Igreja vivencie com Ele.

A interação divina é baseada em amor porque o próprio Deus é amor (1 João 4.8). E no sentido mais básico, amar significa relacionar-se. É por isso que o contrário de amor não é ódio, mas indiferença. Quando duas pessoas não se gostam, por pior que seja o relacionamento, ele ainda existe. Os canais de comunicação estão entulhados de lixo, mas estão lá. A relação de ódio pode ser o oposto de harmonia e paz, mas ainda é uma relação.

Isso não acontece na indiferença. Quando alguém é indiferente ao próximo, não existe qualquer relação.

A pessoa simplesmente não é afetada pela presença nem pela ausência, pelo bem nem pelo mal que possam vir do outro. Sabe aquela coisa de "tanto faz como tanto fez?". Essa frase resume a indiferença. Não há canais de comunicação, não há relacionamento.

O relacionamento de Jesus para com a Sua Noiva não é assim. Não há indiferença. Ele nos ama da mesma maneira que ama o Pai, e que o Pai O ama. Um se deleita no amor que dá e recebe eternamente do outro. É desta forma que o Noivo se relaciona com Sua Noiva: "Como o Pai me amou, assim eu os amei; permaneçam no meu amor" (João 15.9).

O amor de Jesus por nós está muito além de nossa compreensão, assim como Deus também está. Se Ele é amor, então só poderemos entender Seu amor por nós se um dia formos capazes de conhecer totalmente o próprio Senhor. É por isso que a verdade do amor de Jesus por nós não é algo que o ser humano possa alcançar sozinho, ela precisa ser revelada a nós pelo Espírito Santo. Em outras palavras, precisamos de Deus para conhecer e amar o próprio Deus. "Nós amamos porque ele nos amou primeiro" (1 João 4.19). Amor é o primeiro dom que o Espírito deposita em nós (cf. Romanos 5.5; 1 Coríntios 12.31). Por isso, a cada dia, nosso coração precisa ser redirecionado à verdade do amor de Deus: "O Senhor conduza o coração de vocês ao amor de Deus e à perseverança de Cristo" (2 Tessalonicenses 3.5).

Um amor constrangedor

Jesus não quer apenas que saibamos que Ele nos ama, mas está convidando a Igreja a um relacionamento pessoal e próximo com Ele – é justamente por isso que nos chama de Noiva. O Senhor deseja que aceitemos Seu amor e sejamos plenamente saciados nele, uma vez que amar e ser amado é uma necessidade básica de qualquer ser humano, pois todos fomos criados à imagem e semelhança de um Deus que é amor. Prova disso é o quanto carecemos das demonstrações de afeto dos outros por nós, a começar em casa e, depois, nos demais círculos da vida. Mas acima de tudo, precisamos receber o amor do Criador por nós, porque, sem ele, não poderemos amar as pessoas adequadamente, despojados de condições e expectativas (1 João 4.19-21).

Sendo assim, o primeiro desejo de Jesus em relação à Sua Noiva é fazer com que ela se sinta amada. Ele quer que celebremos nossa dignidade e nosso valor, entendendo que a nossa vida equivale ao preço pago por nós: o sangue mais puro e inocente que já existiu.

Em segundo lugar, Cristo deseja que, além de experimentarmos Seu amor, permaneçamos n'Ele. Sabe quando alguém muito querido vai à sua casa? A pessoa se levanta para ir embora, e você pede: "Fica mais um pouco!". Esse é o convite eterno de Jesus à Sua Noiva. "Fique mais um pouco em Meu amor. Desfrute mais um pouco dos Meus sentimentos por você. Contemple mais um pouco os pensamentos que tenho a seu respeito. Alegre-se mais um pouco naquilo que fiz por você. Fique mais".

Logo, a nossa permanência no amor de Cristo é preciosa para Ele. Mais que isso: passarmos muito tempo de nossa vida com Jesus é algo que Ele almeja. Este foi um dos pedidos que fez ao Pai em Sua oração mais compassiva e apaixonada: a oração sacerdotal.

Um dos momentos mais dramáticos e angustiantes antes da morte de Cristo foi a reunião que Ele teve com Seus discípulos na última ceia. Em determinado ponto, narrado em João 17, depois de dar instruções aos Seus companheiros, Jesus levanta os olhos aos Céus e começa a falar com o Pai. É um momento incrível em que Deus ora ao próprio Deus. Cristo sabe que, sem o auxílio do Espírito Santo e sem o agir sobrenatural do Pai, seria impossível que Seus seguidores permanecessem em Seu amor.

Nessa oração, nosso Senhor intercede primeiramente por Si, pela obra que estava para fazer. Enquanto adora o Pai, pede-Lhe que O glorifique (vs. 1-5). Depois, Jesus intercede por Sua Noiva, pela Igreja de todas as gerações. Ora primeiramente pelos discípulos que estavam diante de horas que, talvez, se mostrariam as piores de suas vidas. Imagine os conflitos existentes no coração daqueles que abandonaram tudo e acompanharam Jesus durante Seu ministério quando, dentro de instantes, seu Mestre fosse crucificado. Por causa da compreensão desse sentimento, o Senhor pede a Deus que os guarde, livre, dirija e os mantenha em unidade (vs. 6-19).

No entanto, a partir do verso 20, Jesus estende Seu clamor em favor daqueles que viriam a crer n'Ele. Cristo olha para o futuro e enxerga a Igreja que surgiria, os discípulos que ainda nasceriam – você e eu – e intercede por estes também. Nosso Senhor ora para que haja união entre Seu Corpo, Ele e o Pai. Por causa desta unidade de pensamentos e atitudes, o amor de Deus e a própria pessoa de Jesus seriam revelados ao mundo. Então, no verso 24, Jesus faz uma linda declaração, capaz de nos constranger profundamente:

> Pai, meu desejo é que aqueles que me deste estejam comigo onde eu estiver, para que vejam a minha glória, a qual me deste, pois me amaste antes da fundação do mundo. (João 17.24 – Almeida Século 21)

O apóstolo Paulo diz que o amor de Cristo realmente nos constrange (2 Coríntios 5.14). Isso não quer dizer que ficamos embaraçados e envergonhados por Ele. O sentido de "constranger" é "possuir, ser tomado, cobrir, impulsionar". Então, assim como o Senhor não é indiferente a nós, não é possível permanecer indiferente ao Seu amor depois que ele é revelado em nosso coração pelo Espírito Santo. É por esse motivo que Paulo diz que este amor nos constrange.

Pessoalmente, o que mais me constrange diante da declaração de amor de Jesus em João 17.24 é saber que um Ser totalmente santo, lindo e suficiente em Si mesmo deseja estar comigo. Tem horas em que nem eu mesma quero estar comigo. Assim, saber que Ele anseia pela minha companhia – com toda a minha murmuração e minhas falhas – é algo absolutamente admirável. O fato de Cristo querer a nossa presença é a maior honra que um ser humano pode ter.

Cristo não nos vê da mesma forma que nós. Ele enxerga agora o resultado da santificação e da justificação que estão operando em mim, já contempla a conclusão daquilo que está sendo feito em Seus amados. Enquanto nós, como disse Paulo, vemos "apenas um reflexo obscuro" de quem somos (1 Coríntios 13.12), em Seu amor, Jesus nos olha na perfeição que um dia teremos em Sua glória.

Na vida cristã, existe esse impasse entre o que é e o que ainda não é. Deus está acima do tempo, então Ele vê simultaneamente o que somos e o que seremos. Por outro lado, estamos limitados pela nossa cronologia, então só conseguimos saber o que já fomos e o que somos agora. Em relação ao que seremos, temos a esperança de nos enxergar plenamente da mesma forma como somos conhecidos por Ele, e isso atrai Seu coração em nossa direção.

Desse modo, Jesus olha para Sua Noiva e não a vê de acordo com a perspectiva natural – quebrada, falha e deficiente em muitos aspectos. Ele já enxerga uma Igreja "gloriosa, sem mancha nem ruga ou coisa semelhante, mas santa e inculpável" (Efésios 5.27). Foi essa a recompensa que Cristo entreviu além do sofrimento que lhe estava proposto na cruz. Foi isso que O fez se entregar, pagar o preço e desejar que Sua Noiva estivesse com Ele.

Porém, a respeito dessa metáfora sobre o relacionamento entre noivos, é importante ressaltar que precisamos, inicialmente, nos livrar de toda conotação sensual que esse pensamento talvez insinue. O amor de Jesus pelos Seus nada tem a ver com os anseios sexuais que um homem sente por uma mulher. Não que isso seja impuro, pois a sexualidade foi criada por Deus para ser plenamente satisfeita dentro do casamento (cf. Provérbios 5; 1 Coríntios 7). Mas o propósito da imagem do matrimônio representando o relacionamento de Cristo com a Igreja não é este. O objetivo dessa ilustração é salientar que Seu amor por nós está baseado em uma aliança, trata-se de um amor e um compromisso eternos.

É fundamental entender que ambos caminham juntos, amor e aliança. Não se trata de uma relação solta, sem consequências, sem poder. Ao mesmo tempo, esse compromisso não é um contrato de letras miúdas, desalmado e apático. Usufruímos de uma aliança estabelecida no amor que Ele tem por nós, o mesmo que flui entre as Pessoas da Trindade. Assim, o casamento é a mais bela e preciosa imagem capaz de demonstrar o relacionamento que o Senhor planejou que tivéssemos com Ele.

Além disso, entender que somos Noiva de Cristo nos permite visualizar que fazemos parte de quem Ele é! Ninguém, ao se casar, permanece o mesmo. De maneira semelhante, quando somos tomados como tal por Jesus, Ele automaticamente muda nossa história. Por outro lado, também somos inseridos na d'Ele. A própria existência da Igreja é parte significante de Sua glória e supremacia, manifestada sobre toda a Terra.[1] E isso acontece quando nos conectamos a Cristo voluntariamente, como resposta ao Seu amor, e assim Ele se torna conhecido em nós e por meio de nós, como mostram os versos abaixo.

> [...] Que eles também estejam em nós, **para que o mundo creia** que tu me enviaste. Dei-lhes a glória que me deste, para que eles sejam um, assim como nós somos um: eu neles e tu em mim. Que eles sejam levados à plena unidade, **para que o mundo saiba** que tu me enviaste, e os amaste como igualmente me amaste. (João 17.21b-23 – grifo da autora)

> Porque somos criação de Deus **realizada em Cristo Jesus** para fazermos boas obras, as quais Deus preparou antes para nós as praticarmos. (Efésios 2.10 – grifo da autora)

---

[1] BICKLE, Mike. **Session 1: The Revelation of Jesus: Bridegroom, King, and Judge**. Disponível em: *mikebickle.org/watch/?guid=2018_08_31_1800_MB_FC*. Acesso em 23 de agosto de 2019.

A intenção dessa graça era que agora, **mediante a igreja**, a multiforme sabedoria de Deus se tornasse conhecida dos poderes e autoridades nas regiões celestiais, de acordo com o seu eterno plano que ele realizou em Cristo Jesus, nosso Senhor. (Efésios 3.10-11 – grifo da autora)

Todos esses textos mostram a ligação que existe entre Cristo e Sua Igreja, e como ela desempenha um papel importantíssimo na revelação de Jesus à Terra. Não só ao mundo em que habitamos, mas também à realidade espiritual que nos rodeia – aos principados e potestades, conforme Paulo escreveu no último trecho citado. Não há dúvidas de que Deus poderia revelar e glorificar Seu Filho sem a participação de ninguém. No entanto, em Sua sabedoria eterna, Ele escolheu nos envolver nessa obra, fazer com que participássemos de Sua história como Ele faz parte da nossa. Deus quis, por pura bondade, nos incluir na relação de amor que vivia em Si mesmo.

    Este desejo não é fruto de um coração doentio, carente de afeto ou de adoração. Como já vimos, a Trindade é perfeita em Si mesma, em Seu amor próprio, na glória que a permeia. O anseio de Deus é nos incluir nesse amor, para que experimentemos desse mesmo relacionamento profundo com Ele, para que sejamos lavados, abraçados e curados. E o mais incrível de tudo é que Deus faz isso pelo prazer de compartilhar Seus pensamentos e Se relacionar conosco, tornando-nos parceiros da obra que está realizando no mundo.

Permanecendo onde Cristo está

Pouco antes de pedir ao Pai para que Seus discípulos permanecessem com Ele, Jesus compartilhou Seu desejo com eles: "E quando eu for e preparar lugar, voltarei e os levarei para mim, **para que vocês estejam onde eu estiver**" (João 14.3 – grifo da autora). Parecia tudo muito claro, mas Tomé não tinha certeza. Ele interrompeu o Senhor para expressar uma dúvida que, talvez, fosse a mesma dos demais discípulos, e que certamente ainda é um questionamento da Igreja nos dias de hoje: "Senhor, não sabemos para onde vais" (v. 5).

Como estar onde Cristo está se não sabemos que lugar é esse?

Para entendermos o destino de Jesus, precisamos ser levados a pensar no Céu e na glória eterna, que é onde estaremos ao Seu lado. Porém, o Senhor não está orando sobre um tempo futuro. Ele fala ao Pai no presente: "que eles estejam onde eu estou". Logo, esse é um desejo para ser cumprido agora, não somente na eternidade. Assim, entendo que estar com Jesus não é compartilhar da mesma posição geográfica que Ele.

Veja bem, estar no mesmo lugar que uma pessoa não significa necessariamente estar em sua companhia. Você pode permanecer ao lado dela e, apesar disso, nem perceber sua presença, como se não estivesse lá. Ou pode acontecer de você estar no mesmo recinto que alguém, talvez bem próximos um do outro, sentados lado a lado em um ônibus, por exemplo. Mas isso não significa que você está "com" essa pessoa, estão apenas compartilhando um espaço em comum. Por fim, também é possível que você esteja acompanhado de alguém que conheça e ame, provavelmente fazendo algo juntos, mas sua mente não está lá, e sim em um lugar completamente diferente. Assim, vocês estão juntos, mas não estão em comunhão.

Desta maneira, creio que Jesus não esteja falando de proximidade geográfica quando diz que quer que Seus discípulos estejam onde Ele está. Em vez disso, refere-se a estar em comunhão plena com Ele, assim como Sua comunhão com o Pai, em unidade de pensamento e propósito: "[...] Como tu está em mim e eu em ti [...]" (João 17.21).

Portanto, Jesus deseja uma Noiva que pense como Ele pensa, que queira o que Ele quer, que ame o que Ele ama. Cristo quer que tenhamos um só coração com Ele, para que nos revele Seus segredos mais profundos, coisas que nem olhos viram, nem ouvidos ouviram, e que não chegaram ao coração humano, senão por meio do Espírito de unidade (cf. 1 Coríntios 1.9-10).

O anseio do coração do Senhor é que seus seguidores estejam em unidade perfeita com Ele assim como Jesus é um com o Pai, conhecendo-O como Ele conhece: "Eu sou o bom pastor; conheço as minhas ovelhas, e elas me conhecem, assim como o Pai me conhece e eu conheço o Pai; e dou a minha vida pelas ovelhas" (João 10.14-15).

A palavra "conhecer" tem um peso muito grande nas Escrituras. Ela fala sobre intimidade, no sentido de possuir experiência própria em relação a algo. Ela mostra a diferença entre "ouvir a respeito" e "ver com os próprios olhos", que Jó atestou no final do seu livro (Jó 42.5). Conhecer Cristo é contemplá-lO, admirar Sua glória e experimentar Sua presença em nós. É para isto que Ele nos quer perto: "para que vejam a minha glória".

Já a palavra "glória" significa "esplendor, majestade". O Antigo Testamento, algumas vezes, traduz esse termo por "beleza" ou "formosura", principalmente nas traduções mais antigas da Bíblia (cf. 1 Crônicas 16.29; Salmos 27.4; 29.2; 96.9; Isaías 33.17; Zacarias 9.17). Assim, ver a glória de Deus é contemplá-lO em Sua radiante beleza.

E como podemos fazer isso? Jesus carrega em Si a glória divina: "O Filho é o resplendor da glória de Deus e a expressão exata do seu ser, sustentando todas as coisas por sua palavra poderosa [...]" (Hebreus 1.3). Essa glória e beleza ficaram visíveis quando Jesus foi transfigurado na presença de alguns discípulos: "[...] Sua face brilhou como o sol, e suas roupas se tornaram brancas como a luz" (Mateus 17.2). No entanto, João dá testemunho de que a glória do Filho não ficou restrita ao monte: "Aquele que é a Palavra tornou-se carne e viveu entre nós. Vimos a sua glória, glória como do Unigênito vindo do Pai, cheio de graça e de verdade" (João 1.14).

Contudo, embora a glória de Cristo seja mais brilhante que o Sol, ela não pode ser percebida por olhos humanos. Em um primeiro contato, Jesus é desprovido de qualquer atrativo:

> Ele cresceu diante dele como um broto tenro, e como uma raiz saída de uma terra seca. Ele não tinha qualquer beleza ou majestade que nos atraísse, nada havia em sua aparência para que o desejássemos. (Isaías 53.2)

Quem contempla Cristo da perspectiva humana enxerga apenas uma pessoa sofrida, semelhante a uma planta que cresce a duras penas num solo seco. Em seu estado natural, o Homem despreza o Filho. É possível, talvez, que sinta certa empatia por considerar Jesus uma pessoa muito boa, mas esse sentimento não ultrapassa a dó por alguém que sofreu muito.

Assim, para perceber a beleza do Filho, é preciso que a pessoa tenha seus olhos espirituais abertos pelo Espírito Santo. Só então ela é capaz de ver o que está por trás da aparência física. Passa a ser dotada de uma visão que se assemelha à de Deus: "[...] O Senhor não vê como o homem: o homem vê a aparência, mas o Senhor vê o coração" (1 Samuel 16.7). Com novos olhos, ao contemplar Cristo não enxergamos o rebento seco que o mundo vê, mas admiramos "[...] Sua face [que] era como o sol quando brilha em todo o seu fulgor" (Apocalipse 1.16 – acréscimo da autora).

Essa visão parece ser linda, como, de fato, é, mas é também terrivelmente assustadora. Diante da glória de Cristo, o apóstolo João caiu aos seus pés como morto (v. 17). Na visão, ele não reconheceu o homem com quem havia compartilhado três anos de sua vida. Isso aconteceu porque a glória do Senhor excede tudo de mais belo, sublime e formoso que conhecemos.

Como o apóstolo João, o profeta Isaías também caiu em terra quando foi levado para o ambiente da glória eterna (Isaías 6.5). Ele viu o Senhor em todo o Seu esplendor: Suas vestes enchendo o templo, serafins adorando-O continuamente, proclamando: "Santo, Santo, Santo". O ego humano e sua autossuficiência se prostraram naquele momento e reconheceram: "Ai de mim! Estou perdido! Pois sou um homem de lábios impuros e vivo no meio de um povo de lábios impuros; os meus olhos viram o Rei, o Senhor dos Exércitos!".

Com o que aconteceu com Isaías e João, compreendemos quão santa, inalcançável e sublime é a glória de Deus. No entanto, apesar de Sua majestade inspirar temor ao ser humano, Deus não nos quer distantes d'Ele. Por isso, lembre-se: Cristo deseja que vejamos a Sua glória, e não que nos afastemos atemorizados. Para isso, Ele Se despiu dela (cf. Filipenses 2.6-7) e estendeu sobre o Homem pecador sua justiça. No relato de Isaías, a brasa retirada do altar prefigura a purificação que Cristo fez na cruz, removendo a culpa dos homens e perdoando seus pecados (Isaías 6.6).

Nos escritos de João, Cristo Se revela como Aquele que venceu a morte e o inferno e, agora, é digno de portar suas chaves, livrando da condenação tantos quanto quiserem (Apocalipse 1.18). Aquilo que fazia o ser humano ter medo diante da glória do Senhor – sua culpa, seu pecado, sua condenação – foi removido em Cristo quando Ele abdicou da Sua glória para que, restaurados, pudéssemos contemplá-la de perto.

Por meio desse ato de amor, o Senhor nos tornou participantes da revelação dessa mesma glória ao mundo. A Isaías, Ele disse: "Quem enviarei? Quem irá por nós?". O profeta se prontifica, constrangido: "Eis-me aqui. Envia-me!", e Deus aceita sua disposição (Isaías 6.8-9). Da mesma forma, o Cristo glorificado convida João a trabalhar com Ele: "Escreva, pois, as coisas que você viu, tanto as presentes como as que acontecerão" (Apocalipse 1.19). João obedeceu, e, hoje, no livro de Apocalipse, podemos ler toda a revelação recebida por ele.

O privilégio de manifestar ao mundo a glória do Noivo pertence à Noiva, pois só ela é capaz de contemplar sua beleza radiante e encantar-se com ela. O livro de Cântico dos Cânticos contém belíssimos poemas de amor de uma noiva para seu amado, assim como d'Ele para ela. O objetivo primário desse livro da Bíblia é exaltar o amor conjugal; mas, em segundo lugar, é um espelho do amor da Igreja por Cristo e vice-versa. Assim como a noiva de Cântico dos Cânticos falava às mulheres de Jerusalém sobre a beleza do seu Amado (cf. 5.9-16), cabe à Noiva proclamar a glória de Cristo ao mundo. Assim como o Espírito revela à Igreja a glória de Jesus, esta expõe ao mundo Sua beleza. E é justamente por ter acesso ao Seu coração e aos Seus segredos que ela pode fazer isso.

O lugar de contemplação

Quando a Noiva contempla diariamente a beleza de Cristo, é impelida a elogiá-lO perante todos. Ou seja, sem essa comunhão diária, nosso amor pelo Senhor se esfria. Nós nos esquecemos do brilho da Sua glória e não satisfazemos o Seu anseio de estar onde Ele está.

Portanto, a Igreja precisa resgatar práticas que a levem diariamente à contemplação de Cristo. Isso tem de ser uma prioridade na vida da Noiva, uma resposta apaixonada ao amor infinito de Jesus por nós. Algumas maneiras de fazer isso são: praticar as disciplinas espirituais que Ele ensinou no Sermão do Monte; cultivar a adoração e buscar o Espírito Santo.

As disciplinas espirituais

Penso no Sermão do Monte (Mateus 5-7) como o discurso inaugural do Reino de Deus. Reunido com Seus discípulos, Jesus lhes explica quais são os valores do novo sistema que estava sendo estabelecido e as características de seus habitantes. No capítulo 6 de

Mateus, Ele apresenta as "disciplinas espirituais", que são práticas cotidianas que o representante do Reino de Deus deve ter como prioridade na vida. Como uma rotina de exercícios físicos, ou uma dieta alimentar, essas práticas têm o objetivo de manter a saúde espiritual do cristão. Porém, diferente de exercícios e dietas, que só garantem boa saúde física, a prática das disciplinas espirituais "[...] para tudo é proveitosa, porque tem promessa da vida presente e da futura" (1 Timóteo 4.8).

Jesus menciona quatro disciplinas nesse sermão: caridade, oração, jejum e descanso. É interessante que Ele não exorta os discípulos a incluírem essas coisas em suas agendas. Cristo já supõe que essas práticas façam parte de seu estilo de vida. Assim, os Seus ensinamentos são muito mais sobre como exercê-las, do que explicar por que elas são importantes.

As disciplinas espirituais não são rituais religiosos a serem observados com o peso de uma lei. Na verdade, era isso o que Jesus pretendia confrontar naquele momento, pois os fariseus, os hipócritas, exerciam essas quatro práticas com o objetivo de exibir "piedade", ganhar louvor dos outros e adquirir prestígio em sua comunidade. Eles praticavam tais atos como regras, sem qualquer intenção de se aproximarem de Deus, de serem confrontados em seu íntimo ou de abandonarem seus pecados. Na verdade, não possuíam entendimento da graça divina.

Diante disso, Jesus falou duramente contra os fariseus ao explicar cada prática espiritual. Ele disse diversas vezes: "Não façam como os hipócritas". No tocante a isso, não é pelo que a Noiva faz **que** ela se distingue dos outros, mas é **como** faz. Ela enxerga cada disciplina como uma oportunidade de contemplar a beleza do Senhor, crescer em intimidade com Ele, adornar-se para seu Amado e estar mais perto do coração do Pai.

• *Caridade*

Jesus fala da caridade como "obras de justiça" (Mateus 6.1). Nesse mesmo versículo, Ele ensina os discípulos a fazerem essas obras sem evidenciar a todos. Isso, porque os religiosos fazem o bem para serem vistos como pessoas boas e justas aos olhos da sociedade, pois só querem o elogio e o reconhecimento humano. Fazem do serviço ao pobre uma plataforma para se autoafirmarem diante dos homens. Essa é uma tentação que ainda tem força em nossa geração, dominada pelo culto à imagem e a carência de aprovação. Todas as coisas boas que as pessoas praticam acabam se tornando oportunidades de autopromoção, rendendo uma foto nas redes sociais. Muitos, infelizmente, dependem disso para confirmar seu valor e sua importância.

Contudo, quem o cristão é não está baseado no que ele faz de bom, nem no que já fez de ruim. Ele recebe sua identidade de Deus, e esta, na verdade, é um espelho da Pessoa de Jesus. Ela está ligada ao apreço do

Pai pelo Filho, à Sua palavra de elogio: "Este é o meu Filho amado, em quem me agrado" (Mateus 3.17). Assim, a prática da caridade é uma reafirmação do que já somos, e não um meio para nos tornarmos alguém, ou sermos reconhecidos por algo.

Em dezembro de 2004, quando meu pai morreu, ficamos muito surpresos no seu velório. Pelo menos duas pessoas pediram a palavra durante o culto fúnebre e deram testemunho da generosidade do meu pai. Uma delas disse: "Há alguns anos, fiquei desempregado durante meses. E, em todo esse tempo, seu pai me sustentou financeiramente". A outra disse: "Perdi tudo o que eu tinha, e Deus usou seu pai para me abençoar, para que não faltasse nada em minha casa". Diante dessas afirmações, ficamos surpresos, porque nós, sua própria família, não sabíamos de nada disso. Meu pai não era rico, de forma alguma. Ele era barbeiro e atendeu no mesmo salão por mais de trinta anos. Era simplesmente um homem fiel a Deus e próspero, no sentido de acudir a quem tinha necessidade. Não possuíamos luxo algum em casa, mas meu pai trazia o suficiente para nós e para suprir a necessidade de outros, sem que ninguém soubesse. Foi apenas no dia da sua morte que ficamos cientes disso. As pessoas descobrem muitas coisas a respeito de seus pais quando eles morrem. Em muitos casos, são surpresas infelizes. Mas nós tivemos a bênção de ver as evidências da generosidade que meu pai praticou no secreto, e colhemos até hoje os frutos desse legado.

A vida do meu pai é um retrato de que a recompensa dos justos vem do Senhor, e não poderá ser roubada na Terra; não envelhece com o tempo, nem cai na impopularidade. Esse tesouro é eterno, pois é o próprio Jesus. Não existe nada mais precioso que Ele em todo o Universo. Assim como somos a recompensa do Seu penoso trabalho, Ele é o salário de nossa obediência.

Na caridade, contemplamos Jesus na pessoa que estamos servindo. Como Ele próprio disse, quando acudimos o necessitado, estamos fazendo isso a Deus: "O que vocês fizeram a algum dos meus menores irmãos, a mim o fizeram" (Mateus 25.40). E é justamente essa medida que será usada para julgar aqueles que entrarão no descanso eterno com Jesus e os que serão repelidos de Sua presença: ver Sua face no necessitado. Precisamos reconhecer Jesus no nosso próximo. Temos de ajudar os outros como se fosse para Cristo porque, no fim das contas, quando servimos alguém, servimos ao Senhor (Colossenses 3.24).

• *Oração*

Da mesma forma como fazemos caridade secretamente, não devemos orar a homens, mas ao Pai. Talvez você pense que ninguém dedica suas orações a pessoas, ou que essa é uma prática de quem crê em imagens, mas não diz respeito apenas a isso. Jesus fala que quem ora para ser visto está orando para os homens, e não para o Pai. Era assim que os fariseus agiam, e o Senhor os chama de hipócritas. A oração que visa impressionar as pessoas que a ouvem é falsa, vazia. Cristo, no entanto, instrui Seus discípulos a falarem com o Pai no lugar secreto (Mateus 6.6).

O lugar secreto era o "quartinho da bagunça" da casa dos judeus, onde as pessoas guardavam tudo o que não queriam que as visitas vissem. Sabe quando alguém chega à sua casa de repente, sem avisar, e você sai catando a bagunça das crianças e jogando para dentro do armário, ou naquele quarto em que a pessoa não vai entrar? Pois é, Jesus nos instrui a levarmos o Pai justamente para esse lugar. É lá que não queremos que os outros vejam, mas é exatamente o que deve ser mostrado completamente e somente ao Pai.

> O termo grego utilizado para quarto, "tameion", é mais sugestivo do que quarto. "Tameion" é um depósito subterrâneo; aquele ambiente da casa onde guardamos nossas quinquilharias [...]. Orar "no tameion" não é apenas orar num lugar, é orar com uma condição interior de total transparência diante do Pai. É o estado de ser acolhido pelo Pai na privacidade da vida, na intimidade solitária, na experiência em que não se consegue encenar, até por que, Ele conhece em secreto quem nós somos, de fato. Orar no "lugar secreto" é a oração confidencial, aquela que somente o Pai percebe. É uma disciplina espiritual que nos ajuda crucificar o exibicionismo e a hipocrisia.[2]

---

[2] QUEIROZ, Carlos. **Ser é o bastante**. Viçosa: Ultimato, 2006, pp. 145-146.

Existem quartos na nossa alma que nos esforçamos para esconder. Não queremos que as pessoas vejam nossas decepções ou conheçam nossos reais sentimentos. Nós nos esforçamos para mostrar apenas nossos melhores momentos – ou, pelo menos, aqueles que aparentam ser os melhores. Porém, em nosso interior, sabemos quem realmente somos, e Deus também sabe. Ele tem conhecimento de como estamos por trás da maquiagem, das fantasias, das máscaras, do terno, do microfone, da plataforma, das luzes... O que importa para o Senhor não é a foto bonita que postamos, mas os bastidores da nossa alma e da nossa vida. O quartinho secreto. Mais uma vez, o ensino de Cristo se contrapõe duramente à filosofia vigente nesta era das redes sociais, que diz que a imagem é tudo.

Assim, as malas pesadas de remorso e de rancor que guardamos dentro de nós, caixas e mais caixas de culpa acumuladas, as teias de tristezas e insatisfações, o cheiro de mofo causado pelo luto de relacionamentos quebrados, os sacos cheios de marcas que o passado e o pecado deixaram – esse é o lugar secreto em que Deus quer estar para fazer uma limpeza profunda e eficaz. Aquilo que não revelamos a outras pessoas está claro como o dia diante d'Ele (cf. Provérbios 15.11). O Senhor sabe quem somos na realidade, na intimidade, e quer estar conosco mesmo assim, para nos transformar e nos moldar dia após dia.

A instrução que Jesus nos dá é: "Leve o Pai para a salinha da vergonha. Ele não irá puni-lo por aquilo que você esconde. Pelo contrário: Deus o recompensará com Sua presença e glória em sua vida. Ele irá curá-lo com a paz que as aparências não podem dar, que as opiniões dos outros não podem oferecer".

Além disso, a oração é nada mais, nada menos que relacionamento. Essa comunicação com o Pai é mediada pelo Filho (Hebreus 10.19-22) e assistida pelo Espírito (Romanos 8.26). E relacionar-se implica conversar. Como você se sentiria se estivesse com alguém 24 horas por dia, sete dias da semana, sem que essa pessoa lhe dirigisse uma única palavra? Sem que ela notasse sua presença? Creio que seria absolutamente decepcionante. Infelizmente, essa é a forma com que muitos cristãos se relacionam com Deus. Há pessoas que só oram domingo na igreja, ou se contentam com as orações que recebem de outros. Estão satisfeitas com o relacionamento que seus líderes têm com Deus, quando o que o Senhor quer, na verdade, é nos levar a uma intimidade plena com Ele.

Orar não é se aproximar de Deus com uma lista de presentes para Ele nos dar, com pedidos a serem atendidos, mas sim contemplar quem o Senhor é em meio à bagunça de nossa vida diária. É permitir que Sua beleza inunde nossa existência e nos transforme mesmo com todas as nossas necessidades.

• *Jejum*

Enquanto a caridade é a disciplina do serviço; a oração é a prática do relacionamento; e o descanso, da fé; o jejum é a do lamento. Os jejuns decretados no Antigo Testamento para o povo de Israel tinham o propósito de trazer quebrantamento à nação e suplicar pelo favor de Deus (cf. Esdras 8.21; Ester 4.3; Salmos 35.13; Daniel 9.3; Joel 2.12). Até mesmo o povo pagão de Nínive recorreu ao jejum como modo de demonstrar a Deus seu arrependimento (Jonas 3.5).

No entanto, no Novo Testamento, os discípulos de Jesus não aderiram a essa prática, pelo menos enquanto o Senhor caminhou com eles. Mas isso não passou despercebido. O Mestre foi questionado a respeito dessa postura de seus companheiros, e respondeu:

> Como podem os convidados do noivo jejuar enquanto este está com eles? Não podem, enquanto o têm consigo. Mas virão dias quando o noivo lhes será tirado; e nesse tempo jejuarão. (Marcos 2.19-20)

Não fazia sentido que os discípulos de Jesus jejuassem enquanto desfrutavam de Sua presença física, porque isso era motivo de alegria, não de lamento. Nos dias em que Ele não estivesse fisicamente entre Sua Igreja, então haveria jejum.

Hoje, vivemos sem a presença física do Senhor entre nós. Ansiamos, com grande expectativa, por Sua vinda, e o jejum é uma forma de reconhecer que a presença do Amado é mais importante e desejável que a comida.

Acredito que jejuar torna-se um desafio maior à medida que cresce a fartura em nossa mesa, e que se intensificam os apelos à gastronomia, à cultura do gourmet e ao prazer associado à comida. Vivemos em dias de apetite desenfreado por todo e qualquer prazer, seja ele alimentício ou por meio de entretenimento, sexo, fama, aprovação, entre outros. Essas coisas o Senhor nos deu para nos alegrarmos nelas, mas se tornaram motivo de ansiedade e escravidão. Logo, a voracidade pela autossatisfação aponta para um vazio interior no ser humano, que só será preenchido plenamente pela presença de Deus.

Quando jejuamos, mortificamos nossa carne, e junto com ela, nossos apetites; subjugamos nossos instintos humanos e esmurramos nosso corpo (cf. 1 Coríntios 9.27). Como resultado, nossa sensibilidade espiritual aumenta. Com a alma desintoxicada, ouvimos a voz de Deus com mais clareza, e reconhecemos as direções do Espírito. Pode parecer algo simples, mas me lembro de alguns períodos de jejum que fiz nos quais o Senhor me deu projetos inteiros e canções completas.

Por causa da sensibilidade que ele nos proporciona, essa disciplina se torna imprescindível em situações que requerem um posicionamento espiritual. Embora Seus discípulos não tenham jejuado em Sua presença, Jesus jejuou, e isso foi o marco do início do Seu ministério.

Após descer sobre Jesus no batismo, o primeiro movimento do Espírito Santo na vida de Cristo foi levá-lO ao deserto para jejuar, e então ser tentado por Satanás. Era um momento de guerra e, repetidas vezes, o Inimigo questionava a identidade de Jesus como Filho de Deus: "O Diabo lhe disse: 'Se és o Filho de Deus [...]'" (Lucas 4.3; cf. v. 9). Nosso Senhor havia se preparado para esse momento em jejum. Em vez de fortalecer-Se fisicamente, Ele edificou-Se espiritualmente na palavra do Pai a Seu respeito: "Tu és o meu Filho amado; em ti me agrado" (Lucas 3.22). Assim, embora tivesse fome (Mateus 4.1), Jesus prevaleceu porque havia Se alimentado da palavra (v. 4).

• *Descanso*

A última disciplina que Jesus menciona em Mateus 6 é o descanso. Descansar é aprender a confiar na providência divina.

> Portanto, não se preocupem, dizendo: "Que vamos comer?" ou "Que vamos beber?" ou "Que vamos vestir?" Pois os pagãos é que correm atrás dessas coisas; mas o Pai celestial sabe que vocês precisam delas. Busquem, pois, em primeiro lugar o Reino de Deus e a sua justiça, e todas essas coisas lhes serão acrescentadas. (vs. 31-33)

Uma característica daqueles que não conhecem a Deus é gastar todo o seu tempo, seus esforços, seus recursos e sua essência interior correndo atrás de coisas. E fazem isso porque buscam algo que lhes traga sensação de provisão, sucesso e segurança. Jesus chama essas pessoas de "pagãos" ou "gentios". São homens e mulheres que "Trocaram a verdade de Deus pela mentira, e adoraram e serviram a coisas e seres criados, em lugar do Criador" (Romanos 1.25). As coisas atrás das quais os pagãos correm são, na verdade, os ídolos que adoram. É nelas que colocam sua esperança, e delas depende a sua tranquilidade.

Deus não quer que vivamos como "pagãos". Nós somos mais importantes do que as coisas das quais necessitamos, mais até do que itens de enorme valor:

> Pois vocês sabem que não foi por meio de coisas perecíveis como prata ou ouro que vocês foram redimidos da sua maneira vazia de viver, transmitida por seus antepassados, mas pelo precioso sangue de Cristo, como de um cordeiro sem mancha e sem defeito. (1 Pedro 1.18-19)

Dessa forma, quando o ser humano corre atrás de objetos, ele desvaloriza sua humanidade, pois se coloca a serviço daquilo que não vale sua vida. Portanto, não precisamos nos preocupar com nossas necessidades materiais, porque o Pai sabe de cada uma delas, e Ele nos sustentará.

Assim, o inverso também é verdadeiro. Ou seja, recuperamos o valor quando colocamos nossa vida a serviço daquilo que realmente honra o preço que foi pago em nosso resgate. Por isso, devemos buscar em primeiro lugar o Reino de Deus e a Sua justiça, pois n'Ele não há falta de nada e Jesus nos supre eternamente.

No descanso, contemplamos o próprio Jesus, porque Ele é a nossa paz. Em Cristo, repousamos de todos os esforços, todas as vãs tentativas de alcançar Deus. Além disso, entramos no descanso de Deus reservado àqueles que creram (Hebreus 4.1-3).

É importante saber que o descanso em Deus nada tem a ver com a preguiça e o comodismo. Ele não nos isenta daquilo que é nossa responsabilidade. O trabalho nos dignifica como seres humanos e nos torna aptos inclusive para servirmos a outros com os recursos que recebemos. O que Jesus trata no Sermão do Monte é a necessidade de estabelecer o Reino de Deus e sua justiça como prioridade em nossa vida. Como fruto disso, Deus Pai se compromete a nos suprir com "as outras coisas", quer através do nosso trabalho, quer da generosidade de outras pessoas, ou ainda por meios sobrenaturais.

Gustavo e eu somos prova viva disso. Somos profissionais da música desde muito jovens, ele como produtor, e eu como arranjadora e backing vocal. No início, trabalhávamos com todo tipo de música, tanto cristã como secular. Mas em determinado momento de nossa trajetória, Deus nos pediu que abandonássemos a música não cristã e nos dedicássemos apenas à cristã.

Músicos profissionais sabem o quanto é difícil lidar com esse ramo no Brasil. Todo trabalho é bem-vindo para quem tem contas a pagar. Restringir-se à música cristã significava um afunilamento financeiro considerável naqueles dias. Mas a provisão de Deus para nós naquela época foi incrível. Casamo-nos em dezembro de 2000 e ganhamos a cerimônia dos sonhos, uma viagem de lua de mel e o básico de que precisávamos para o apartamento.

Ao voltarmos de viagem, no início de janeiro, não havia qualquer trabalho previsto. Os clientes do pequeno *home studio* do Gustavo haviam desaparecido. Eu não tinha nenhuma proposta de trabalho. Para completar, fizemos um péssimo investimento por sugestão de um amigo e perdemos a única e pequena economia que possuíamos antes do casamento. Tudo que tínhamos era o Senhor e um ao outro. Apesar do aperto no coração e da geladeira vazia, passávamos horas em adoração a Jesus, gratos pela Sua presença e por Seu amor.

Naqueles dias, experimentamos muitos milagres. Sacolas de alimento foram deixadas na nossa porta sem que tivéssemos dito nada a ninguém. Nenhuma conta deixou de ser paga. Provamos do cuidado e amor do Senhor de forma sobrenatural. Quando nos relacionamos com o Pai Celestial, Ele zelosamente faz por nós aquilo que não somos capazes de fazer sozinhos.

Adoração

A adoração não aparece ao lado das disciplinas espirituais, porque Jesus não tratou desse assunto no Sermão do Monte. No entanto, ela recebeu atenção particular em outro monte, não mais quando o Senhor estava reunido com os discípulos no centro de uma multidão, mas sozinho com uma mulher em terra estrangeira.

> Jesus declarou: "Creia em mim, mulher: está próxima a hora em que vocês não adorarão o Pai nem neste monte, nem em Jerusalém. Vocês, samaritanos, adoram o que não conhecem; nós adoramos o que conhecemos, pois a salvação vem dos judeus. No entanto, está chegando a hora, e de fato já chegou, em que os verdadeiros adoradores adorarão o Pai em espírito e em verdade. São estes os adoradores que o Pai procura. Deus é espírito, e é necessário que os seus adoradores o adorem em espírito e em verdade". (João 4.21-24)

É muito comum limitar adoração à música, mas no texto citado acima fica evidente que Jesus não estava falando de canções. Reduzir o ato de adorar só à parte musical seria o mesmo que dizer que queijo é sinônimo de muçarela. A música certamente é um veículo de adoração, mas não é tudo. Ela diz respeito à atitude de reverência e reconhecimento que temos diante de Deus.

No Antigo Testamento, o ato de adorar significava prostrar-se com rosto em terra, render-se, beijar os pés de alguém assim como um cão lambe os pés do seu dono. Trata de reconhecer a autoridade, a supremacia de outra pessoa em relação a si. Logo, a única reação plausível que a criatura pode ter diante do seu glorioso Criador é adorá-lO. Vemos isso, por exemplo, em Isaías 6 e em Ezequiel 1.1 e 3.14.

No Novo Testamento, entendemos que a adoração é fruto de uma revelação do Espírito Santo. Ela flui do conhecimento do que se adora e nasce no espírito do adorador. Quando o Espírito Santo me revela a beleza de Jesus, então adoro. João, na ilha de Patmos, foi conduzido pelo Espírito a uma visão de Jesus e, como os profetas do Antigo Testamento, caiu prostrado perante a glória do Senhor (Apocalipse 1.10-17).

Quando sabemos quem é Jesus, quando nosso coração arde de santo temor pela Pessoa de Deus, pela beleza de Cristo, o mínimo que podemos fazer é Lhe render toda glória. Tudo vem d'Ele, toda boa dádiva, todo dom perfeito. Em Apocalipse 4, João descreve essa rendição em tons vívidos e imagens concretas. Ele nos apresenta os seres viventes e os 24 anciões que se encontram diante do trono de Deus. Enquanto os primeiros cantam incessantemente: "Santo, santo, santo é o Senhor, o Deus todo poderoso, que era, que é e que há de vir", os outros se prostram e lançam suas coroas de ouro diante do Cordeiro. Eles proclamam: "Tu, Senhor e Deus nosso, és digno de receber a glória, a honra e o poder, porque criaste todas as coisas, e por tua vontade elas existem e foram criadas" (Apocalipse 4.11). O que a revelação de João nos mostra é que adorar é um ato incessante de render ao Senhor qualquer coisa que seja motivo de glória para nós. Não é somente música. É um reconhecimento de quem Deus é, independentemente de quem somos e do que possamos Lhe oferecer.

Meus dons e talentos podem até impressionar pessoas, mas, com certeza, não impressionam Deus, pois, na verdade, tais habilidades vieram d'Ele. Além disso, o Senhor já tem ao redor de Si, na glória eterna, a melhor música, as melhores formas, os melhores instrumentistas. Toda arte e beleza já pertencem a Ele. Mas ainda assim, o Pai procura adoradores. Procura pessoas que sejam capazes de admirar Sua beleza para serem profundamente tocadas e transformadas por ela.

A adoração da Noiva, em concordância, atrai o poder de Deus de forma tremenda. No decorrer dos anos, tenho vivenciado lindas experiências durante a adoração comunitária. Pessoas são curadas de câncer; outras saem do coma e voltam à vida enquanto a igreja adora. Alguns estão sendo libertos da depressão. Suicidas em potencial têm sua esperança renovada por causa da presença de Deus. Quando toda a Igreja está em rendição e em verdadeira adoração, os céus são movidos. Toda a opressão é arrancada, e o Reino de Deus é manifesto.

Em 2018, fizemos uma conferência chamada Lugar Secreto. O que experimentamos de Deus foi absolutamente lindo. Em um dos momentos de adoração e rendição, oramos por cura física e emocional, e os testemunhos que recebemos depois foram maravilhosos. Uma irmã que sofria de câncer na mama contou que sentiu a presença de Deus agindo em seu próprio corpo. Ali, ela teve certeza de que havia sido sarada. Ao refazer seus exames na semana seguinte, constatou que Jesus a havia curado completamente, pois o câncer não estava mais lá.

O hábito da adoração na igreja e na vida íntima gera um ambiente propício em nosso interior para que sejamos tomados pelo Espírito. Seu agir em nós revela mais sobre Cristo, aprofunda nosso amor por Ele, e Sua imagem em nós. Assim como o hábito da murmuração atrai uma influência demoníaca na vida das pessoas, adorar regularmente é o veículo que facilita a atuação do Espírito em nós e por meio de nós.

A plenitude do Espírito Santo não flui de cultos acalorados ou grandes cruzadas, mas é produto de uma caminhada diária de oração e adoração. Quando essas práticas se tornam tão habituais quanto o escovar os dentes e lavar as mãos, recebemos poder do alto para caminhar sobre a Terra.

A busca pelo Espírito Santo

A partir do momento em que recebemos Jesus, o Espírito vem habitar em nós. Somos batizados e imersos n'Ele, transferidos a outro relacionamento, outro Reino, outro governo. Não estamos mais debaixo do domínio da carne, mas sob o poder do Espírito e da graça de Deus. Essa nova realidade invade toda a nossa vida cotidiana, pois o Espírito que em nós habita quer se relacionar conosco não só em momentos considerados "espirituais", mas em todos os aspectos e áreas da vida. Na verdade, quando vamos para Jesus, nossa vida deixa de ser segmentada, como se houvesse uma parte cristã e uma secular. Reencontramos a vida unificada e plena que Deus tem para o Homem desde a criação (cf. João 10.10).

O Espírito quer conversar conosco nas situações que consideramos inusitadas. Algumas pessoas me perguntam como componho minhas canções. Costumo dizer que elas brotam de momentos simples do meu dia a dia, durante a rotina da casa, o banho nas crianças, a ida ao supermercado... Isso acontece porque o Espírito Santo de Deus está comigo em todo tempo e em todos os lugares.

Não podemos achar que só é santo o que é religioso. Tudo o que fazemos, como cristãos, é santo. E é no dia a dia que a ação do Espírito fica evidente. Quando me levanto e faço café mesmo caindo de sono, ou quando cuido do cabelo das minhas filhas, que gritam porque não querem isso, e me mantenho paciente. É nesses momentos **considerados** comuns que o Espírito Santo brilha. Aliás, foi para esses momentos que me enchi d'Ele, para que os frutos aflorassem em mim.

O Espírito Santo foi dado por Cristo à Sua Noiva como um presente de casamento, uma garantia de que Ele voltará para buscá-la:

> Quando vocês ouviram e creram na palavra da verdade, o evangelho que os salvou, vocês foram selados em Cristo com o Espírito Santo da promessa, que é a garantia da nossa herança até a redenção daqueles que pertencem a Deus, para o louvor da sua glória. (Efésios 1.13-14)

Sermos selados com o Espírito Santo significa que Ele é o carimbo que está sobre a Noiva. Logo, somos identificados como pertencentes ao Noivo. E o objeto usado para fazer esse selo é o sinete, uma espécie de joia entalhada, como um anel ou pingente, que reis e nobres carregavam bem perto do corpo. Era um dos pertences mais pessoais que alguém poderia ter (veja, por exemplo, Gênesis 38.18; 41.42; Números 31.50; Ester 3.10; Daniel 6.17).[3] O selo era usado para identificar outras posses ou para lacrar cartas, deixando uma impressão única sobre elas, identificando visualmente quem era seu possuidor ou remetente.

---

[3] **BibleHub**. Comentário de Gênesis 38.18. Disponível em: *biblehub.com/commentaries/genesis/38-18.htm*. Acesso em: 2 de setembro de 2019.

Quando a noiva do livro de Cântico dos Cânticos pede a seu amado que a leve como um selo sobre si, podemos concluir que seu desejo era que ele a considerasse seu bem mais íntimo, mais precioso, mas também que a identificasse como dona de seu coração e de seu corpo:

> Ponha-me como um selo sobre o seu coração; como um selo sobre o seu braço; pois o amor é tão forte quanto a morte e o ciúme é tão inflexível quanto a sepultura. Suas brasas são fogo ardente, são labaredas do Senhor. (Cântico dos Cânticos 8.6)

Assim, o Espírito Santo nos identifica como o bem mais precioso do Noivo, como Sua propriedade querida. É por causa desse grande valor que temos para Deus que a Sua presença em nós se efetiva com zelo ou, conforme outras traduções, "ciúmes".

> Adúlteros, vocês não sabem que a amizade com o mundo é inimizade com Deus? Quem quer ser amigo do mundo faz-se inimigo de Deus. Ou vocês acham que é sem razão que a Escritura diz que o Espírito que ele fez habitar em nós tem fortes ciúmes? (Tiago 4.4-5)

O ciúme do Senhor é como o da noiva no texto de Cântico dos Cânticos: desejo de pertencimento integral de um ao outro, sem afeto ou atenção separados. Jesus quer uma Noiva que O ame total e irrestritamente, que não divida seu amor com outros. Ele deseja ser amado assim como amou, entregando-Se por completo em nosso favor. Quando pede que O amemos de todo o coração, de toda a alma e de todo o entendimento (Mateus 22.37), o Senhor quer que demonstremos nosso sentimento por Ele da mesma forma que Ele fez por nós.

No entanto, Ele não fica sentado, simplesmente nos esperando entender, reconhecer e corresponder Seus sentimentos. Deus Se encarrega de registrar esse amor em nosso coração, e o faz mais uma vez por meio do Espírito: "E a esperança não nos decepciona, porque Deus derramou seu amor em nossos corações, por meio do Espírito Santo que ele nos concedeu" (Romanos 5.5).

Todas essas atribuições do Espírito Santo – selo, comunicador do amor de Deus, revelador da Pessoa do Filho – nos mostra que Ele não é um fantasma ou uma alma penada, mas uma Pessoa que Se relaciona conosco, e que deseja que esse laço seja mantido.

Como já falamos, relacionamentos estruturam--se em torno da comunicação. Não acredito que seja possível existir qualquer tipo de relação sem esse canal, seja de forma verbal ou não verbal. A ligação do Espírito com a Noiva é perfeita, porque não consiste apenas em informá-la a respeito do Noivo, mas de integrá-la na comunhão com Ele, de transformá-la e prepará-la para o grande dia. Seu propósito é transportar a Igreja para dentro do relacionamento da Trindade, o ambiente de amor e correspondência perfeitos.

Nesse diálogo, o Espírito nos torna íntimos de Cristo ao nos revelar os pensamentos do Filho e alinhar nossos pensamentos aos d'Ele (cf. Romanos 8.26-27). Ele atua na Noiva para satisfazer o anseio do Noivo, de que "todos sejam um, Pai, como tu estás em mim e eu em ti" (João 17.21). Ele consolida a unidade entre a Igreja e Cristo, pois é o vínculo de amor que une o Pai e o Filho. Por isso, pode compartilhar com a Noiva os segredos de Deus:

> Todavia, como está escrito: "Olho nenhum viu, ouvido nenhum ouviu, mente nenhuma imaginou o que Deus preparou para aqueles que o amam"; mas Deus o revelou a nós por meio do Espírito. O Espírito sonda todas as coisas, até mesmo as coisas mais profundas de Deus. Pois quem conhece os pensamentos do homem, a não ser o espírito do homem que nele está? Da mesma forma, ninguém conhece os pensamentos de Deus, a não ser o Espírito de Deus. Nós, porém, não recebemos o espírito do mundo, mas o Espírito procedente de Deus, para que entendamos as coisas que Deus nos tem dado gratuitamente. (1 Coríntios 2.9-12)

Desta forma, não é possível conhecer Cristo se não for através do Espírito (João 15.26), como também não conhecemos o Pai senão por Cristo (14.6). Jesus disse que não falava de Si mesmo, mas daquilo que o Pai Lhe revelava (v. 10). Da mesma maneira que o Espírito não mostra acerca de Si mesmo, mas de tudo aquilo que Ele vê e ouve de Jesus (16.13-15). Apenas o Espírito revela o Noivo à Noiva. É somente por meio d'Ele que podemos clamar "Aba!" ao Pai (Romanos 8.15) e "Vem!" ao Filho (Apocalipse 22.17). Ele integra a Noiva nas dinâmicas da Trindade, inserindo-a neste ambiente de amor e deleite mútuo.

Sabemos, porém, que nossa imersão no seio da Trindade ainda não é plena. Você se sente envolvido por esse ambiente de amor e deleite na Pessoa de Deus o tempo todo? Sente que seu coração arde de expectativa e amor pelo Senhor a todo momento? Suas ações são integralmente revestidas de reverência e louvor ao Deus Trino? Não posso responder por você, posso apenas dizer que isso não é uma verdade integral na minha vida. Infelizmente, aquilo que sei que já sou aos olhos de Deus ainda não é efetivo para mim.

Nosso pecado e a distância daquilo que fomos conquistados para viver são motivos de tristeza em nosso coração. Estou muito longe de ser quem Deus me chamou para ser. Meus pensamentos e sentimentos ainda não caminham em total concordância com a mente e o coração de Cristo. Porém, em nossa fraqueza, o poder do Senhor se exalta, porque Jesus não deixou Sua Noiva órfã e desamparada, muito pelo contrário, Ele concedeu a ela o Consolador. Creio que o conforto do Espírito não se restrinja a trazer alívio ao nosso coração em momentos difíceis, mas em lembrar-nos de que "aquele que começou boa obra em vocês vai completá-la até o dia de Cristo Jesus" (Filipenses 1.6). Essa boa obra acontece por meio do agir do Espírito Santo de Deus em nós.

Deste modo, uma vida cheia do Espírito não é simplesmente sermos repletos de dons espirituais – os presentes do Noivo à Sua Amada – mas uma vida em que o fruto do Espírito se manifesta: "Mas o fruto do Espírito é amor, alegria, paz, paciência, amabilidade, bondade, fidelidade, mansidão e domínio próprio. Contra essas coisas não há lei" (Gálatas 5.22-23). Esse fruto, que cresce integralmente na vida do cristão, produz um caráter modelado no caráter de Cristo. Jesus não vai Se casar com uma Noiva que discorda d'Ele, que age por conta própria, que O desrespeita, que não ama o que Ele ama. Ele virá buscar uma Igreja completamente moldada pelo Espírito Santo.

A dependência do Senhor revela o caráter humilde da Noiva. Há pessoas que buscam o fruto do Espírito, mas não Ele próprio. Assim como os gálatas, querem crescer em espiritualidade por conta própria, pelo empenho de sua carne, e não mais por uma submissão humilde ao agir do Espírito Santo (cf. Gálatas 3.3). Este é um risco que assedia o cristão que se acha experiente, que pensa que já "viu de tudo", e acaba concluindo que dá conta de progredir sozinho. Ele começa a pensar que não precisa mais do Espírito. Acha que pode conhecer Jesus por meio de sua própria mente, de sabedoria humana, de sua capacidade de raciocínio. Acredita que é possível manter-se santo com apenas dedicação e determinação. Ele toma decisões e até lidera um ministério a partir de suas próprias convicções. Com essa mentalidade, alguns abandonam a prática das disciplinas espirituais porque creem que "já passaram dessa fase"; outros a mantêm simplesmente como rituais que irão fazê-lo progredir.

Como isso está distante do exemplo de Jesus! Mesmo sendo o Filho do Todo Poderoso, Cristo só iniciou Seu ministério depois de ser ungido pelo Espírito Santo no batismo (Mateus 3.16), e foi no poder do Espírito que pôde "[...] pregar boas novas aos pobres. Ele me enviou para proclamar liberdade aos presos e recuperação da vista aos cegos, para libertar os oprimidos e proclamar o ano da graça do Senhor" (Lucas 4.18-19). Jesus nunca agiu com base em sua própria capacidade, mas em tudo se submeteu à vontade do Pai e foi guiado pelo Espírito Santo.

A intimidade com o Espírito é o que gera profundo relacionamento com Cristo. Isso se desenvolve no dia a dia. Precisamos aprender a levar o Espírito Santo para a cozinha. Desenvolver um diálogo com Ele no decorrer do dia, em meio aos seus afazeres. Como os fariseus, às vezes, nos iludimos com a espiritualidade externa, que se efetiva em X horas de oração diária, na leitura de X capítulos da Bíblia, na ida à igreja em todos os domingos... Desenvolvemos práticas boas, mas que não representam a totalidade da nossa vida nem alcançam as dobrinhas da nossa agenda, aqueles segundos praticamente insignificantes que, no fim das contas, ocupam boa parte do nosso dia.

Depois que minhas filhas nasceram, fui desafiada a experimentar outro tipo de intimidade com o Espírito. Foi ali que pude entender que o Senhor não restringe sua ação a momentos cerimoniosos e "espirituais". Trocando fralda e amamentando, entendi que, depois que o véu foi rasgado, Deus está acessível a nós em todos os momentos. Ele está na nossa vida em todo o tempo. Quantas vezes eu vi o Senhor no rosto das minhas meninas. Quantas vezes ouvi Sua voz quando elas, na sua simplicidade, disseram-me alguma coisa. Quantas vezes o Senhor Se manifestou em momentos inusitados, absolutamente rotineiros, dando banho em criança com os braços doídos de tanto carregá-las. Foi tremendo perceber que eu não era desprezada por Deus porque não podia mais jejuar três vezes por semana ou liderar ministrações. Ele entendia o momento que eu vivia, e Se revelava a mim dentro da minha nova agenda de mãe.

> O Soberano, o Senhor, vem com poder! Com seu braço forte ele governa. A sua recompensa com ele está, e seu galardão o acompanha. Como pastor ele cuida de seu rebanho, com o braço ajunta os cordeiros e os carrega no colo; conduz

com cuidado as ovelhas que amamentam suas crias. (Isaías 40.10-11)

Este texto de Isaías tem me acompanhado em minha maternidade. Ele me mostra que Deus vem com poder, mas Sua força não arrasa o mais fraco, pois "conduz com cuidado as ovelhas que amamentam suas crias". Uma mãe com uma criança pequena não consegue andar rápido. Ela segue o passo da criança. E Deus, por sua vez, caminha cuidadosamente ao lado de ambas, não as abandona, assim como Ele não exige que a ovelha com o filhote ande no mesmo ritmo que o restante do rebanho, mas caminha ao seu lado e zela por ela enquanto vive as diversas e diferentes fases de sua vida.

A presença de Deus está disponível àquele que O teme, seja uma ovelha veloz, seja uma mais vagarosa. Desde o Éden, é o Senhor quem invade a realidade humana para revelar o Seu amor e nos trazer para caminhar com Ele, nunca foi o Homem que subiu aos Céus para conhecê-lO. Nossas circunstâncias de vida nunca foram empecilho para o Senhor falar e ter intimidade e comunhão conosco. Quando buscamos exercer o primeiro mandamento em primeiro lugar – amar o Senhor de todo o nosso coração, com todas as nossas forças, entendimento e toda a nossa alma – podemos ter por certo que Ele Se manifestará a nós, pois estamos atendendo ao anseio do coração do Filho: estar onde Ele está.

Uma oração que não ficará sem resposta

"Toda vez que Deus ora para o próprio Deus, essa oração será certamente respondida", ouvi o pastor Mike Bickle dizer certo dia. Em outras palavras, se Jesus pediu ao Pai que mantivesse Sua Noiva onde Ele está, certamente isso está acontecendo.

Toda a Trindade trabalha em conjunto para satisfazer esse anseio. A ação do Espírito no meio da Igreja hoje não tem o propósito terapêutico que muitos buscam, de nos fazer "sentir bem" ou "ficar felizes", mas de formar na Noiva um coração que arda pelo doce amor do seu Noivo.

O Espírito é o que nos mantém vivos e santos. Longe d'Ele não há vida nem santidade reais. Se queremos ter um caráter como o de Jesus, precisamos aprender a depor diariamente nosso ego e nossas pretensões pecaminosas, e nos render ao agir do Espírito Santo em nosso interior. O Espírito, então, compromete-Se a trazer arrependimento e produzir, nos últimos tempos antes da vinda de Jesus, a unidade necessária para que a Igreja cumpra o seu papel na grande comissão.

Portanto, precisamos valorizar e buscar o diálogo íntimo com o Espírito, que é o que nos sustenta em Jesus (cf. João 15.1-10). Necessitamos deixar aberto o canal de comunicação. Se não falarmos com o Espírito Santo no dia a dia, se não buscarmos esse relacionamento, Ele não vai nos forçar a isso. Não nos empurrará para os braços do Noivo contra nossa vontade, mas gentilmente nos ensinará a desejar Sua presença, e caminhar voluntariamente em Sua direção.

Capítulo 3
A autoridade do Noivo

> Por isso Deus o exaltou à mais alta posição e lhe deu o nome que está acima de todo nome, para que ao nome de Jesus se dobre todo joelho, nos céus, na terra e debaixo da terra, e toda língua confesse que Jesus Cristo é o Senhor, para a glória de Deus Pai. (Filipenses 2.9-11)

Acho tremendo o modo que Deus criou certos aspectos da vida humana como expressão exata de realidades espirituais. Um deles é o casamento. Nos capítulos anteriores, vimos algumas maneiras que Cristo usa para apontar a Sua união com a Igreja, mas ainda existem muitas outras. Fico maravilhada quando considero essa aliança a partir da ótica de Deus, sendo uma representação humana de um mistério divino (cf. Efésios 5.32). Por isso, mesmo em suas distinções, o Senhor colocou no homem e na mulher a necessidade de se unirem, pois um supre o outro de forma complementar. Além disso, no casamento, descobrimos que nem sempre o que queremos é o que realmente precisamos. Quando noiva e noivo se unem em matrimônio, passam a viver uma realidade que ultrapassa sua existência individual, entram no ambiente sagrado, no espaço do reflexo do amor e da união de Cristo por Sua Igreja.

Ao fazer uso de todos esses exemplos e metáforas, creio que é importante lembrar que este não é um livro sobre casamento. Mas, uma vez que a união entre marido e mulher aponta para a aliança eterna do Noivo com a Noiva, precisamos compreender alguns pontos fundamentais para não entendermos de forma distorcida essa linda analogia.

Um ponto crucial que, por muitas vezes é mal compreendido, é a dinâmica da autoridade/submissão que caracteriza o casamento – tanto no plano humano como no espiritual. Essa dinâmica não é invenção de uma sociedade machista, como também não é uma determinação de Deus em resposta ao pecado. Na verdade, trata-se de uma relação de harmonia, respeito e proteção que existe eternamente dentro da Trindade, assim como no relacionamento entre Jesus Cristo e a Igreja. Em consequência, esse modelo se aplica à união matrimonial entre homem e mulher.

No casamento, o marido é convocado a representar a autoridade de Cristo, exercendo-a nos seguintes termos: "Maridos, ame cada um a sua mulher, assim como Cristo amou a igreja e entregou-se por ela. [...] Da mesma forma, os maridos devem amar cada um a sua mulher como a seu próprio corpo. Quem ama sua mulher, ama a si mesmo. [...] Portanto, cada um de vocês também ame a sua mulher como a você mesmo [...]" (Efésios 5.25-33). Este é um convite para o sacrifício, renúncia, proteção e amor doador. A mulher, por sua vez, sujeita-se ao marido e somente a ele, assim como a Noiva submete-se exclusivamente ao Senhor Jesus: "Mulheres, sujeite-se cada uma a seu marido, como ao Senhor, pois o marido é o cabeça da mulher, como também Cristo é o cabeça da igreja, que é o seu corpo, do qual ele é o Salvador. Assim como a igreja está sujeita a Cristo, também as mulheres estejam em tudo sujeitas a seus maridos" (vs. 22-24).

Logo, a dinâmica da autoridade/submissão não é uma forma de opressão. Esta, sim, veio por meio do pecado, quando o ser humano entrou em pé de guerra contra seu semelhante. "À mulher, ele declarou: '[...] Seu desejo será para o seu marido, e ele a dominará'" (Gênesis 3.16). Porém, ao contrário disso, o modelo bíblico de relacionamento entre o casal é o que gera um ambiente de cuidado, amor e respeito.

Diante disso, a Igreja é convidada a se submeter à autoridade de Cristo – não só as mulheres, mas os homens também, o Corpo em sua totalidade, pois n'Ele "Não há judeu nem grego, escravo nem livre, homem nem mulher; pois todos são um em Cristo Jesus" (Gálatas 3.28).

No entanto, algo que precisamos compreender claramente é que, assim como o amor do Senhor pela

Igreja ultrapassa qualquer afeto que um marido possa ter por sua esposa, a submissão da Noiva a Cristo também vai muito além da sujeição da mulher ao seu esposo. Nesse ponto, é possível perceber as limitações da representação do casamento, pois o Noivo da Igreja não é um noivo qualquer: Ele é um Rei. Sendo assim, não falamos apenas de submissão conjugal, mas também de obediência radical.

O caminho da obediência

Entender Jesus como Noivo sem vê-lo como nosso Rei e como o Cabeça da Igreja pode nos levar a um sentimentalismo que não gera mudança de vida, não vence o pecado, não produz santidade e nem leva à obediência.

Agora, saindo um pouco do contexto do casamento, para aprendermos o caminho da obediência, precisamos focar no exemplo de Jesus, porque Ele é o nosso modelo de submissão a Deus. Cristo obedeceu ao Pai em tudo, mesmo a caminho da cruz. Em sofrimento terrível, demonstrou Seu amor e cumplicidade ao Senhor por meio de Sua subordinação incondicional. E o resultado dessa obediência do Filho ao Pai foi o maior ato de amor de Cristo pela Igreja.

Assim como Jesus, nosso amor é provado por meio da renúncia. Ele escolheu entregar a Si mesmo – não uma parte, mas integralmente – por tanto amar a humanidade. Da mesma forma, Ele não quer de nós um amor romântico e descomprometido com a realidade, mas consolidado em um espírito pronto a obedecer.

    A submissão baseada no amor é o tipo mais forte que podemos oferecer, pois ela nasce em resposta ao que Cristo fez em nossa vida. Foi com esse tipo de obediência que o Filho se submeteu ao Pai – "Todavia é preciso que o mundo saiba que eu amo o Pai e que faço o que meu Pai me ordenou [...]" (João 14.31). Trata-se de uma convicção muito mais poderosa do que aquela motivada pela obrigação ou pelo medo, a qual é resultado da falta de certeza da presença e do amor do Senhor em nossa vida.[1]

    Em suma, amor e obediência caminham juntos. Jesus colocou-os lado a lado tanto em sua prática de vida como em sua pregação, com bastante ênfase:

> Quem tem os meus mandamentos e lhes obedece, esse é o que me ama. Aquele que me ama será amado por meu Pai, e eu também o amarei e me revelarei a ele. [...] Se alguém me ama, obedecerá à minha palavra. Meu Pai o amará, nós viremos a ele e faremos morada nele. Aquele que não me ama não obedece às minhas palavras. Estas palavras que vocês estão ouvindo não são minhas; são de meu Pai que me enviou. (João 14.21-24)

---

[1] BICKLE, Mike. **The Revelation of Jesus:** Bridegroom, King and Judge. Ihopkc. Disponível em *www.ihopkc.org/resources/asset/2018_08_31_1800_MB_FC/auto/true/*. Acesso em setembro de 2019.

A verdadeira expressão de amor a Deus não está em meio a canções envolventes ou declarações sentimentais, nem se concretiza em lágrimas ou arrepios. Na verdade, ela passa obrigatoriamente pela obediência. É claro que manifestações emocionais podem acontecer, mas elas não carregam valor se não estiverem adornadas pela submissão ao mandamento do Senhor: "O meu mandamento é este: Amem-se uns aos outros como eu os amei" (João 15.12).

Sendo assim, amar a Deus é também amar ao próximo assim como Ele ama. O apóstolo João coloca isso da seguinte forma:

> Amados, visto que Deus assim nos amou, nós também devemos amar uns aos outros. Ninguém jamais viu a Deus; se amarmos uns aos outros, Deus permanece em nós, e o seu amor está aperfeiçoado em nós. [...] Se alguém afirmar: "Eu amo a Deus", mas odiar seu irmão, é mentiroso, pois quem não ama seu irmão, a quem vê, não pode amar a Deus, a quem não vê. Ele nos deu este mandamento: Quem ama a Deus, ame também seu irmão. (1 João 4.11-12; 20-21)

Amarmos ao próximo de acordo com o que recebemos de Deus é uma expressão de obediência e adoração ao Senhor. Quando agimos assim, matamos o orgulho e o egoísmo que reinam em nossa carne e em nosso coração, o que nos leva a uma rendição completa ao agir do Espírito Santo, cujo objetivo é formar Cristo em nós.

Todos os mandamentos que encontramos na Bíblia servem para nos guiar de volta ao amor pelo próximo, que transborda do nosso relacionamento com Deus. É por isso que Jesus resumiu toda a Lei em amar ao Senhor acima de todas as coisas e ao próximo como a si mesmo (Mateus 12.28-31). Quando obedecemos genuinamente às ordenanças de Deus, estamos, na verdade, exercitando o amor pelo Criador e por Suas criaturas.

Obediência como proteção

Lembro-me de um dia em que o Gustavo comprou o jogo Banco Imobiliário Júnior para as meninas, bem colorido, com bonequinhos e casinhas. A Isabela, toda empolgada, queria empilhar as casinhas e brincar do jeito dela. Eu expliquei que não daria para jogarmos juntos se não seguíssemos as regras. Então, ela perguntou: "Mamãe, por que é que tem tanta regra em tudo?". Respondi: "Filha, a vida é assim. Sem regras, não conseguimos viver juntos".

De fato, ninguém conseguiria viver num mundo sem regras. As leis impõem divisas de proteção e cuidado para com o próximo. Em uma sociedade sem limites, não haveria respeito pelo espaço ou pelo direito do outro. A violência se tornaria indiscriminada, cada um viveria de acordo com sua própria lei e a injustiça governaria. Os mais frágeis seriam explorados e escravizados pelos mais fortes. Sem regras, não há justiça social. É por este motivo que existem tantas leis e orientações bíblicas que corroboram com o segundo valor supremo do Reino de Deus, o amor ao próximo.

Quando nos afastamos desse valor – que é universal, e não somente cristão – vivemos no caos da iniquidade. Na raiz da palavra "iniquidade" está a falta de reconhecimento do direito do próximo. Por isso, num ambiente iníquo, as pessoas praticam a maldade sem que haja culpa, e a injustiça se torna algo rotineiro.

Vivemos numa sociedade em que os fundamentos têm sido abalados. Ela se afasta cada vez mais dos princípios do Criador, e o aumento da maldade tem causado o esfriamento do amor (Mateus 24.12). Mas esta nem é a pior consequência da rejeição aos princípios de Deus, já que quando a criatura despreza o Criador e quer tomar Seu lugar, ela recebe o mesmo castigo de Satanás: é entregue a si mesma.

> Portanto, a ira de Deus é revelada dos céus contra toda impiedade e injustiça dos homens que suprimem a verdade pela injustiça, pois o que de Deus se pode conhecer é manifesto entre eles, porque Deus lhes manifestou. [...] Além do mais, visto que desprezaram o conhecimento de Deus, ele os entregou a uma disposição mental reprovável, para praticarem o que não deviam. (Romanos 1.18-19, 28)

Pessoas entregues somente a si mesmas pregam a autonomia, e consequentemente, a indiferença às pessoas e às regras de Deus. Prega-se uma liberdade que, na verdade, é uma escravidão ao individualismo, um culto a si mesmo. Nesse contexto, têm surgido movimentos sociais desequilibrados, que mais promovem segregação do que justiça e igualdade. São promotores de separação. A necessidade por justiça é latente na nossa sociedade. É impossível negar que a discriminação existe. Mas não é possível combatê-la usando a própria discriminação e o ódio que ela produz. É necessário zelar para que tenhamos representantes políticos genuínos e íntegros, leis mais justas e o cumprimento destas leis, sem, no entanto, entrar numa luta indiscriminada e irresponsável, que gere mais problemas do que soluções. É impossível combater o desrespeito com desrespeito. Planta-se aquilo que se deseja colher. É necessário buscar a justiça sem produzir um individualismo egoísta.

De forma geral, o que vemos como resultado da autonomia indiscriminada é o crescimento do individualismo que, com o tempo, produz insegurança, depressão e pode levar ao ato extremo do suicídio. Tudo porque as pessoas descobrem que não é possível encontrar satisfação em si mesmas, então ficam desesperadas. Quando percebem que estão nadando em mar aberto, sem proteção alguma, ficam vulneráveis, perdidas e entram em pânico. Em nossas ministrações, quando fazemos apelos para aqueles que desejam cura de alma, os corredores da igreja ficam cheios daqueles que se esvaziaram de sua humanidade numa luta inútil contra os outros. Muitos se entregaram ao individualismo, mas não encontraram nada dentro de si, exceto um enorme buraco negro que os consome de dentro para fora. São pessoas totalmente carentes da segurança, amor e graça de Deus.

Por ser a embaixada do Reino dos Céus, a Igreja necessita ser o lugar onde o amor mútuo, o respeito pelo próximo, a interdependência e, sobretudo, a obediência a Deus são valorizados, anunciados e estimulados. Além de buscar essas coisas, precisamos permitir que o Senhor nos discipline quando nos afastamos de seus princípios e entramos nos moldes deste século. A disciplina é sinal do amor de Deus (Hebreus 12.6), e sua correção consiste em nos fazer voltar à obediência. Ainda que não a compreendamos em sua totalidade, sempre será o lugar mais seguro para se estar, porque ali aprendemos a nos tornar o que devemos ser.

Verdadeira espiritualidade

É normal pensar em espiritualidade e relacionamento com Deus como algo correlacionado à expressão de emoções, sensações e intuições. Exemplo disso é que, ao ouvirmos Deus falar conosco, costumamos chorar, sorrir e reagir a Sua presença das mais variadas formas. Tudo isso é válido, mas não se sustenta se não estiver fundamentado numa vida de obediência irrestrita ao Senhor. E o nosso padrão de obediência radical a Deus é Jesus. É justamente por isso que lemos em Romanos que o propósito da atuação do Pai em nossa vida é nos tornar semelhantes ao Seu Filho (Romanos 8.29). Uma vez que Jesus é o Filho de quem Ele Se agrada, Deus não poderia desejar para nós nada melhor do que nos fazer conforme à Sua imagem. Assim, parte dessa reforma que acontece em nosso íntimo, a qual nos leva à verdadeira espiritualidade, tem a ver com desenvolver um coração obediente.

Como já foi dito, o amor do Filho pelo Pai se materializou em sua obediência à vontade d'Ele, que foi consumada na cruz (cf. Filipenses 2.8). A cruz, entre outras coisas, é o símbolo máximo da submissão do Senhor Jesus. Nela, o Amado sacrificou a glória que possuía na eternidade, a honra que havia recebido dos homens, e até mesmo a unidade com o Pai, pois clamou: "Meu Deus! Meu Deus! Por que me abandonaste?" (Mateus 27.46). O Calvário foi o lugar onde Jesus sacrificou tudo o que tinha.

Ele requer o mesmo de quem deseja segui-lO: "Aquele que não carrega sua cruz e não me segue não pode ser meu discípulo" (Lucas 14.27). Assim como Jesus abriu mão de tudo na cruz, "qualquer de vocês que não renunciar a tudo o que possui não pode ser meu discípulo" (v. 33). Como disse Ricardo Barbosa, "a razão para isto é clara. Se o caminho d'Ele é o caminho do servo obediente, o nosso não pode ser diferente".[2]

---

[2] BARBOSA, Ricardo. **A espiritualidade, o Evangelho e a Igreja**. Viçosa: Ultimato, 2013, p. 17.

Tomar a cruz e seguir a Cristo é um ato de renúncia e obediência, como também é voluntário. Às vezes, fala-se da cruz como se fosse uma carga imposta sobre o cristão, uma espécie de "carma" *gospel* que ele está fadado a carregar para o resto da vida. Isso não é verdade. O discípulo é quem deve escolher tomar a cruz e ir atrás do Mestre, assim como Jesus escolheu assumir o fardo de Seu destino e morrer em nosso favor: "Por isso é que meu Pai me ama, porque eu dou a minha vida para retomá-la. Ninguém a tira de mim, mas eu a dou por minha espontânea vontade. Tenho autoridade para dá-la e para retomá-la. Esta ordem recebi de meu Pai" (João 10.17-18). Assim como a cruz simboliza o amor e a livre escolha do Filho em sacrificar-Se por nós, ela também representa a nossa decisão de ofertar nossas vidas a Ele.

Deste modo, a obediência verdadeira é um ato de sacrifício. Porém, nem todo sacrifício vem da obediência. Ela é a condição de um coração que quer agradar a Deus acima de todas as coisas. O verdadeiro adorador não se importa com a opinião dos homens quando está agindo debaixo de uma ordem divina. Lembra-se das críticas de Jesus aos hipócritas, no Sermão do Monte? Eles faziam sacrifícios na forma de jejuns pesados, caridade e oração. Mas nada disso era obediência genuína, pois eles não estavam preocupados em cativar a Deus. Eles faziam do cumprimento às leis um palco no qual podiam exibir sua falsa espiritualidade e, assim, receber muitos aplausos.

Às vezes, o sacrifício que julgamos oferecer ao Senhor é, na verdade, voltado para nós mesmos. É um culto para exaltar nossa pretensa piedade, a devoção fingida e pseudoaltruísmo. Podemos até estender as mãos ao alto em adoração, ou ao próximo em caridade, mas o que verdadeiramente queremos é que elas apontem para nós. Caímos no erro de usar Deus para conseguir o louvor e a aprovação de homens.

Como exemplo disso temos a história do rei Saul. Ele foi um homem que falhou por necessitar de aprovação e reconhecimento de outras pessoas. Quando falava de sacrificar algo a Deus, na verdade, buscava glória para si. Saul tinha tudo para dar certo. Era bonito, um forte guerreiro, e foi escolhido por Deus para reinar sobre Israel. Teve a chance de integrar a genealogia do Messias, e ter seu trono estabelecido para sempre (1 Samuel 13.13). Deus teria feito com Saul o mesmo que fez com Davi. Mas como desobedeceu ao Senhor por temer os homens, Ele lhe tirou o reino de Israel, e o entregou a alguém que era melhor que ele (1 Samuel 15.28).

Por duas vezes, Saul se dobrou diante da aprovação dos homens. Na primeira vez, por medo de perder o apoio do exército, em vez de esperar Samuel para oferecer os holocaustos, ele mesmo se encarregou do ritual. A Bíblia diz que assim que terminou de oferecer o sacrifício, o profeta chegou. Por causa dessa desobediência, o Senhor cancelou o reinado de Saul e o transferiu a Davi, que andava segundo o coração de Deus (1 Samuel 13.14).

Na segunda ocasião, ficou comprovada a rebeldia do coração de Saul e o quanto ele desejava mais o reconhecimento público do que aprovação de Deus. O rei desobedeceu à ordem divina de aniquilar alguns inimigos de Israel. Em vez de destruir tudo, pessoas e posses, Saul poupou aquilo que considerou bom – "[...] o melhor das ovelhas e dos bois, os bezerros gordos e os cordeiros [...]" (1 Samuel 15.9). Não satisfeito, depois de desobedecer, Saul foi para o monte Carmelo, onde ergueu um monumento em sua própria honra (v. 12). Quando Samuel o encontrou, o rei mentiu, dizendo que havia seguido as instruções, e que só havia poupado os animais para oferecê-los em sacrifício ao Senhor. Porém, isso não fazia sentido, tendo em vista que alguém que acabara de erguer um monumento em sua própria honra não tinha intenções de engrandecer a Deus. Esta foi a resposta do Senhor, proferida por Samuel:

> [...] Acaso tem o Senhor tanto prazer em holocaustos e em sacrifícios quanto em que se obedeça à sua palavra? A obediência é melhor do que o sacrifício, e a submissão é melhor do que a gordura de carneiros. Pois a rebeldia é como o pecado da feitiçaria, e a arrogância como o mal da idolatria. Assim como você rejeitou a palavra do Senhor, ele o rejeitou como rei. (vs. 22-23)

Ainda mais lamentável que a atitude inicial de Saul foi sua reação diante dessa triste revelação. Em vez de se humilhar, sua preocupação foi o que os anciãos de Israel iriam pensar a seu respeito. No lugar de pedir perdão, ele convidou Samuel a acompanhá-lo de volta para casa, para não perder a honra diante dos líderes e do povo de Israel (v. 30).

Esse texto de Saul veio à minha mente em certa madrugada quando Deus me deu uma ordem muito clara, e que causaria desonra se não fosse obedecida. Naquela noite, eu tive um sonho em relação a uma pessoa de nossa equipe. No sonho, ela desvirtuava todo o grupo na plataforma em que ministrávamos. Distraía-nos e tirava nosso foco. Enquanto aquela situação se desenrolava em minha mente, o Senhor me dizia: "Se você não tratar disso, vou tornar público o pecado dessa pessoa, e este pecado será considerado como se fosse seu". Eu acordei chorando, e instantaneamente me lembrei da história de Saul, que preferiu agradar aos homens e ceder à pressão dos outros a obedecer a Deus. A ordem do Senhor era difícil de ser obedecida porque eu não possuía qualquer base para confrontar aquela pessoa, exceto pelo sonho que havia acabado de ter.

Pouco tempo depois disso, falei para o Gustavo que aquela pessoa não poderia ministrar conosco e que, além disso, precisaríamos confrontá-la. Isso nos causou certa angústia, porque não sabíamos o que havia de errado. Então pedimos ao Senhor que derramasse luz sobre as trevas, e o que aconteceu depois foi impressionante! Naquela mesma noite, um pastor amigo, com quem não falávamos havia algum tempo, nos telefonou. Ficamos verdadeiramente surpresos ao saber que ele tinha informações sobre o caso. O pastor nos pediu que confrontássemos o membro da equipe por conta de um relacionamento de adultério do qual tivera conhecimento. No fim de semana seguinte, antes que viajássemos para ministrar, Gustavo e eu conversamos com aquela pessoa e sobre seu pecado. Infelizmente, ela não admitiu seu erro e não se quebrantou. Oferecemos ajuda e aconselhamento, mas não houve transparência. Então, daquele momento em diante, seguimos por caminhos separados.

Mais tarde, a situação de pecado desse indivíduo se tornou pública. Percebemos, então, que o sonho que tive e a ordem do Senhor haviam sido manifestações de Sua graça e proteção sobre nós, pois o que aconteceu teria causado um problema enorme para o ministério. Dessa forma, temos experimentado continuamente que a obediência é um lugar de real proteção. Estar no centro da vontade de Deus nada mais é do que obedecer ao que Ele nos diz e revela por meio da Sua Palavra. Por isso, não quero estar em qualquer outro lugar que não seja este.

União em harmonia

A obediência nos coloca numa posição de harmonia não apenas com a vontade de Deus, mas com a própria Trindade. Alcançamos uma concordância sobrenatural entre o que Deus quer e o que nós queremos, porque, toda vez que O obedecemos, a mente de Cristo é formada em nós.

Essa sintonia entre nossos desejos e os do Filho, entre Sua autoridade e nossa submissão voluntária, é exemplificado na Bíblia por meio da imagem da cabeça em relação ao corpo: "Ora, assim como o corpo é uma unidade, embora tenha muitos membros, e todos os membros, mesmo sendo muitos, formam um só corpo, assim também com respeito a Cristo. [...] Ora, vocês são o corpo de Cristo, e cada um de vocês, individualmente, é membro desse corpo" (1 Coríntios 12.12-27).

Todos sabemos que o corpo só tem vida enquanto estiver ligado à cabeça. Quando eu era criança, costumava pensar que o coração era nosso principal órgão. Isso, porque geralmente associamos a vida aos batimentos cardíacos. No entanto, descobri mais tarde que é o cérebro quem faz com que tudo funcione adequadamente. Embora ele não esteja em contato com o mundo exterior, cada pedacinho de meu corpo recebe as informações à sua maneira – pelo tato, pelo olfato, pelo movimento etc. – e transmite isso ao cérebro. É nele que as informações são organizadas, processadas e devolvidas aos demais membros de forma correta, com a instrução de como devem reagir ao estímulo que receberam. Se meus olhos recebem uma luz muito forte, meu cérebro ordena que se fechem. Se meu nariz percebe um cheio desagradável, é essa parte de mim que faz com que meu pescoço se vire na direção oposta, não apenas para poupar o nariz, mas para proteger o corpo de tudo o que parece ser tóxico.

Da mesma forma, quando tenho vontade de fazer alguma coisa, é meu cérebro quem orquestra as minhas ações. Se quero comer um pão de queijo, é ele quem organiza qual órgão do meu corpo vai fazer o quê: os olhos leem a receita, as mãos pegam e misturam os ingredientes, os pés me levam até o forno, o nariz percebe o cheiro do pãozinho ficando pronto. Tudo funciona de maneira harmoniosa, visando o bem comum.

Imagine só como seria se cada membro do corpo tivesse vontade própria e não se submetesse à autoridade da cabeça, do cérebro. Que cena ridícula seria ver um pé indo para um lado enquanto a perna quer ir para o outro, e os membros superiores querendo fazer uma coisa diferente da outra, totalmente desconexos. Jamais concluiria e comeria o pão de queijo assim.

Felizmente não é assim que nosso corpo funciona. Eu acredito que a perfeita harmonia que existe entre cérebro e corpo não serve apenas para nos manter vivos, mas foi criada propositalmente por Deus como forma de expressão exata da liderança de Cristo sobre a Igreja.

Que tremendo! Assim como o cérebro dá ordens ao corpo, Cristo nos lidera; Ele é o Cabeça, e faz com que todo o restante funcione em sintonia. Da mesma forma que só há vida quando o corpo está ligado à cabeça, a Igreja só experimenta vida enquanto estiver ligada a Jesus, seu soberano Líder. E da mesma forma como a desarmonia entre os membros do corpo e o cérebro revela uma doença, uma disfunção no ser humano, a falta de submissão à autoridade de Jesus aponta para problemas sérios na Igreja.

A ilustração do corpo é também um desdobramento da relação de submissão/autoridade que existe no casamento. Paulo nos diz que o homem é o cabeça da mulher (cf. 1 Coríntios 11.3; Efésios 5.23). Entretanto, isso não traz nenhum prejuízo ao valor e importância da mulher, e tampouco é resultado do pecado. Novamente, é uma indicação da proteção e cuidado do marido por sua esposa, que se concretizam e se tornam plenos apenas em Cristo. Quando Deus oficializa o casamento de Adão e Eva, um novo ser nasce ali: "Por essa razão, o homem deixará pai e mãe e se unirá à sua mulher, e eles se tornarão uma só carne" (Gênesis 2.24).

Em nossa união com o Filho, também somos inseridos em uma nova realidade. Tornamo-nos parte do Seu Corpo, e "membros uns dos outros" (Romanos 12.5 – ARA). E isso não nos fala apenas da submissão à autoridade do Cabeça, mas também de uma união e ligação vital entre todos os membros desse Corpo.

Cristo não possui diversas "noivas"; cada comunidade cristã do mundo não é considerada individual, noivas diferentes para Cristo. É o ajuntamento de todas as igrejas locais, de todos os crentes pelo tempo e espaço que compõe a Noiva. Estamos interligados de maneira especial e poderosa, como jamais seria possível na realidade humana. A respeito disso, falaremos mais no próximo capítulo.

Tudo aponta para Jesus, e tudo se torna pleno e perfeito n'Ele. Quando olhamos para a realidade a partir da nossa própria ótica, que é limitada e foi contaminada pelo pecado, encontramos espaço para a dominação e exploração, bem como para a revolta e rebeldia. Esta é a forma natural do homem entender a autoridade e a submissão. Porém, se somos espirituais – ou seja, se somos conduzidos pelo Espírito, e não pela carne –, começamos a entender todas as coisas a partir do ponto de vista de Deus. Não só temos a possibilidade de enxergar por uma nova perspectiva como também devemos buscá-la como nosso novo padrão para ver o mundo. De acordo com esse ângulo, todas as coisas apontam para Cristo, o Ser perfeito (cf. Efésios 1.10). Assim, é proveitoso que olhemos para o nosso casamento, todos os nossos relacionamentos e o cuidado com o nosso corpo, segundo a percepção divina. Tudo o que somos e fazemos deve apontar para Cristo e glorificá-lO.

O neurônio do Espírito

Assim como os neurônios carregam as informações do cérebro aos membros, existe um Neurônio Santo que transmite a vontade do Cabeça ao Seu Corpo, do Noivo à Sua Noiva. Este é o Santo Espírito de Deus.

É Ele quem alinha todo o Corpo ao propósito do Cabeça. Além de nos revelar Seus pensamentos, o agir do Espírito em nós transforma nossa mente para que ansiemos o que o Senhor anseia. Dessa forma, a rebeldia é removida dos nossos corações gradativamente, e é substituída pela submissão e devoção aos desejos de Cristo. Somos conduzidos na direção daquilo que devemos nos tornar.

> Quem vive segundo a carne tem a mente voltada para o que a carne deseja; mas quem vive de acordo com o Espírito tem a mente voltada para o que o Espírito deseja. A mentalidade da carne é morte, mas a mentalidade do Espírito é vida e paz; a mentalidade da carne é inimiga de Deus porque não se submete à Lei de Deus, nem pode fazê-lo. Quem é dominado pela carne não pode agradar a Deus. Entretanto, vocês não estão sob o domínio da carne, mas do Espírito, se de fato o Espírito de Deus habita em vocês. E, se alguém não tem o Espírito de Cristo, não pertence a Cristo. (Romanos 8.5-9)

Este trecho, escrito pelo apóstolo Paulo, nos revela que se alguém não tem o Espírito do Ungido, logo não pertence a Ele. O pertencimento ao Filho é definido pela presença do Espírito em nós, e não pelo que dizemos ou pelo que os outros dizem a nosso respeito. Existem algumas pessoas que se autodenominam ungidas de Deus, mas não possuem o mesmo Espírito de Cristo – espírito de mansidão, renúncia, submissão e humildade. Elas querem se identificar com Jesus pelo poder, sendo que Ele veio à Terra em forma de servo, humilhando a Si mesmo. Assim, quando não são notáveis as evidências de humildade e mansidão, mas, em vez disso, de autopromoção, pode-se deduzir que o Espírito de Cristo não está ali. Quem age assim está atuando a partir de sua própria mente, e não de acordo com a mente de Cristo.

Em vez de dar testemunho de Si mesmo, Jesus falava somente o que recebia do Pai. De igual modo, o Espírito não fala de Si, mas somente daquilo que viu e ouviu. Desta forma, o falar de si mesmo demonstra falta de sujeição ao Espírito de Cristo, pois Este sempre exaltará o Filho de Deus e apontará para Ele. Assim, uma das demonstrações de que Ele está presente em nós e em nosso meio é o fato de Jesus ser exaltado, de Sua vontade ser realizada em nós, além de nossa família e comunidade. Amar a Jesus e ser parte de Seu Corpo vai muito além de ter o nome do rol de membros – ou no *hall* da fama. É sobre manifestar quem Jesus é, e Ele é o Cabeça da Igreja. A Ele toda glória!

O falso senhorio

Acredito que nunca foi tão necessário prezar pela comunhão com Cristo como nos dias de hoje, tendo em vista a cultura em que estamos inseridos, num mundo cheio de performances e anseios por uma imagem conhecida. Essas coisas são tão valorizadas pela sociedade que acabam sendo usadas como método para identificar e categorizar os indivíduos. Uma boa imagem e uma boa **performance** rendem seguidores, popularidade, reconhecimento, dinheiro e fama.

Um bom exemplo disso são algumas pessoas que se dizem cristãs, mas têm muita facilidade de se enquadrar nos parâmetros da cultura do mundo, e assim, acabam se posicionando fora dos ensinamentos de Jesus, fora da cruz, fora do lugar de renúncia, obediência e sujeição ao Senhor. Por isso, afirmo que elas "se dizem cristãs", pois almejam o poder, o trono e a glória sem perceberem que o caminho obrigatório para isso é a entrega. O Espírito do Ungido de Deus nos conduz por esse Caminho, que nos traz vida e nos leva ao Pai: "[...] Eu sou o caminho, a verdade e a vida. Ninguém vem ao Pai, a não ser por mim" (João 14.6). Assim, estar fora de Jesus é ver apenas morte, pois não existe vida fora d'Ele.

Quando temos dificuldade de entender que nossa identidade está em Cristo, na assimilação com Ele pelo Espírito, no pertencimento ao Seu Corpo e na sujeição à Sua vontade, podemos ser enganados pelo mundo e acabar correndo atrás de imagens e *performances*, tanto de outras pessoas como para nós mesmos. Ficamos facilmente impressionados pelo exterior das coisas, talvez hoje mais do que nunca. Tendo isso em vista, emoções, palavras e multidões exercem forte poder sobre nosso coração, desviando nosso foco do Espírito e da autoridade da Cabeça, e redirecionando nossa lealdade a outros "senhores" que aparentam ser mais atraentes e convincentes.

Isso me faz recordar que, certo dia, eu estava assistindo a um documentário sobre um dos grandes ícones de autoajuda da atualidade. O nome deste homem geralmente está associado ao sucesso, vitória e empoderamento. Ali mesmo, diante da TV, eu me dei conta de como é fácil exercer domínio sobre as pessoas e, assim, fazer com que elas creiam em coisas que até parecem ser verdadeiras, mas não são. Para isso, você só precisa é de um pouco de empatia e um bom produtor. As palestras daquele guru me lembraram muito do ambiente de um culto: começavam com uma grande empolgação, seguida de choro, e havia também momentos de confissões e testemunhos. Certamente, se eu começasse a assistir ao documentário pela metade, prestando atenção só às imagens, eu provavelmente acharia que se tratava da biografia de um pregador levando pessoas a Deus.

O que eu acho curioso é o quanto nós somos seres emocionais, e como isso nos leva a ser facilmente influenciados. Entenda, não é errado ser sensível. Creio que esses sentimentos são reflexos da imagem de Deus em nós. Tanto que eu, particularmente, amo cultos em que nos derramamos por inteiro na presença do Pai. Mas o emocionalismo humano não gera transformação e mudança de vida. O poder dele pode até ser intenso, mas, por certo, é passageiro. Por outro lado, as reações geradas pelo mover do Espírito Santo são absolutamente eficazes, marcantes e genuínas. Trata-se de uma expressão real de um agir interno do Senhor no coração humano, e isso, sim, é importante.

Porém, caímos no engano de concluir que alguém é um poderoso canal do Espírito Santo só por conseguir comover multidões. Mas isso não é sinônimo do agir de Deus, porque emoções são facilmente manipuláveis. E isso fica muito claro quando pensamos em músicas e palavras que têm esse mesmo poder.

Eu me entristeço ao dizer que algumas pessoas que estão nas grandes plataformas hoje, falando no nome de Jesus e arrastando multidões, são como aqueles que o próprio Cristo chamou de "falsos profetas":

> Cuidado com os falsos profetas. Eles vêm a vocês vestidos de peles de ovelhas, mas por dentro são lobos devoradores. Vocês os reconhecerão por seus frutos. Pode alguém colher uvas de um espinheiro ou figos de ervas daninhas? Semelhantemente, toda árvore boa dá frutos bons, mas a árvore ruim dá frutos ruins. A árvore boa não pode dar frutos ruins, nem a árvore ruim pode dar frutos bons. Toda árvore que não produz bons frutos é cortada e lançada ao

fogo. Assim, pelos seus frutos vocês os reconhecerão! Nem todo aquele que me diz: "Senhor, Senhor", entrará no Reino dos céus, mas apenas aquele que faz a vontade de meu Pai que está nos céus. Muitos me dirão naquele dia: "Senhor, Senhor, não profetizamos em teu nome? Em teu nome não expulsamos demônios e não realizamos muitos milagres?" Então eu lhes direi claramente: Nunca os conheci. Afastem-se de mim vocês que praticam o mal! (Mateus 7.15-23)

Nesse trecho, Jesus alerta a respeito da aparência. Ela não é confiável, nem serve de parâmetro para avaliar a procedência do espírito de uma pessoa, se ele vem da carne ou de Deus. E é justamente por isso que Jesus nos orienta sobre a importância de frutificarmos de acordo com a nossa nova natureza. Os frutos produzidos pelo Espírito apontam para Cristo, com o propósito de glorificá-lO, já os produzidos pela carne supervalorizam o homem e seu ego. Eles são incapazes de exaltar o Senhor, mesmo que sejam acompanhados de muitas palavras proferidas "em nome de Jesus".

Creio que, mais do que nunca, temos vivido momentos críticos em nossa nação. A palavra "Senhor" está na boca de todo o povo brasileiro. As últimas estatísticas oficiais dizem que 22,2% dos brasileiros são evangélicos – sendo assim, mais de 40 milhões de pessoas.[3] Muitos se denominam crentes. Mas o quanto

---

[3] IBGE, censo demográfico 2010. **Características gerais da população, religião e pessoas com deficiência**. Disponível em *biblioteca.ibge.gov.br/visualizacao/periodicos/94/cd_2010_religiao_deficiencia.pdf*. Acesso em setembro de 2019.

a nossa fé tem sido relevante num país como o Brasil? Cristo realmente é Senhor sobre todos os que clamam Seu nome? Além disso, quantas vezes Ele é usado apenas como amuleto nas horas em que as coisas estão dando errado, mas não é honrado com a obediência das pessoas em suas decisões e práticas?

Essa superficialidade é, em parte, consequência da cultura das redes sociais, que consolidou em nós a falsa ideia do "quanto mais, melhor". Por exemplo, quanto mais seguidores uma pessoa tem, mais relevante ela é; quanto mais reconhecimento, maior o conceito que temos dela. No entanto, Deus não se impressiona com nossos números. A estatística do Céu não é a mesma da Terra. Já parou para pensar que as coisas grandiosas que o Senhor fez foi por meio de pequenos? Os grandes avivamentos que sacudiram nações e mudaram cidades inteiras tiveram início no coração de poucos.

Buscando o que Cristo quer

Um dos pequenos que Deus usou para começar um movimento que, ainda hoje, produz muitos frutos foi William Seymour. Esse homem não tinha um histórico impressionante, pelo contrário, nos dias de hoje, ele dificilmente seria convidado para ministrar no púlpito da maioria de nossas igrejas.

Seymour era filho de escravos que foram libertos. Durante sua infância, recebeu pouca educação formal e, na juventude, ao contrair varíola, perdeu a visão de um olho. Seu currículo possuía experiências triviais, como carregador e garçom.[4] Ele não se diferenciava dos negros de sua época, que sofriam com a discriminação racial no sul dos Estados Unidos, no início do século 20. Na verdade, o que destacava Seymour era o ardor em seu coração pelo agir do Espírito Santo em sua geração. Mesmo dentro de suas limitações, ele buscava ler e estudar a respeito do assunto. Suas razões pessoais e também as condições sociais da época não o impediam de ansiar intensamente a presença do Senhor.

Na escola bíblica que frequentou, vigorava a política de segregação racial. Desta forma, Seymour era obrigado a assistir às aulas fora da sala, no corredor.[5] Porém, essa situação nunca interrompeu seu interesse e sua busca por um avivamento naquela cultura que o oprimia.

Além de seu currículo nada impressionante, ele não era o melhor dos pregadores da época. Porém, um pedreiro que trabalhou na reforma do famoso prédio da Rua Azusa, onde o ministério de Seymour futuramente se instalaria, deixou registrada a seguinte opinião a seu respeito:

---

[4] SYNAN, Vinson. **Pentecostalism**: William Seymour. Disponível em *www.christianitytoday.com/history/issues/issue-65/pentecostalism-william-seymour.html*. Acesso em setembro de 2019.

[5] MATOS, Alderi Souza de. **O centenário do movimento pentecostal**. Disponível em *cpaj.mackenzie.br/wp-content/uploads/2018/11/2-O-movimento-pentecostal-reflexões-a-propósito-do-seu-primeiro-centenário-Alderi-Souza-de-Matos.pdf*. Acesso em setembro de 2019.

Ele era manso, falava sem rodeios e não era eloquente. Ele se comunicava na língua comum da classe menos educada. Ele poderia pregar de 45 minutos a uma hora com a mesma empolgação de um poste. Sua fala não era calorosa, de maneira alguma. A única maneira de explicar os resultados [que seu ministério alcançou é esta: [...] Era sua simplicidade que atraía as pessoas.[6]

Porém, como o poder de Deus se manifesta em nossa fraqueza (cf. 2 Coríntios 12.9), a partir das pregações não impressionantes desse simples homem, o Senhor promoveu um avivamento na cidade de Los Angeles, chamando a atenção de pastores locais, nacionais e internacionais, e até de não cristãos. Esse fato histórico, conhecido como "Avivamento da Rua Azusa", tornou-se o reavivamento mais significativo do século 20 em termos globais. Naquela época, cristãos já experientes na caminhada com o Senhor ganharam novo fôlego, conforme testemunhou um pastor batista que visitou uma das reuniões: "O Espírito Santo veio sobre mim e literalmente me encheu, pois parecia me erguer. De fato, fiquei no ar por alguns instantes, proclamando: 'Glória a Deus!'. Instantaneamente comecei a falar em outra língua. Eu não teria ficado mais surpreso se, em vez disso, alguém tivesse me

---

[6] LIARDON, Robert. **The Azusa Street Revival**. Shippensburg: Destiny Image Publishers, 2006, p. 110.

dado um milhão de dólares".[7] Ali, muitos receberam o dom de falar línguas estrangeiras, o que os habilitou a partirem em missão transcultural sem a necessidade de fazerem cursos de idiomas.[8] A manifestação dessas línguas, estrangeiras ou desconhecidas, foi um marco do movimento, que também chamou a atenção de visitantes mais céticos, como o repórter do principal jornal de Los Angeles. Então, ele escreveu um artigo que se chamava "Estranha babel de línguas", e com suas palavras ridicularizou tudo o que presenciou. No entanto, o artigo serviu como propaganda, que impulsionou ainda mais o Avivamento da Rua Azusa.[9]

De fato, as reuniões eram impressionantes, por ser algo que as pessoas não estavam acostumadas a ver. No primeiro andar do galpão em que Seymour e outros cristãos se reuniam naquela rua, os bancos estavam dispostos no formato de um retângulo, e não da maneira tradicional, um atrás do outro. Não havia plataforma nem púlpito. William geralmente se sentava atrás de uma pilha de caixa de sapatos e mantinha o rosto abaixado, mergulhado na caixa do topo da pilha, sempre em oração. Um participante registrou: "Lá não havia orgulho. Naquele velho prédio, de vigas baixas

---

[7] SYNAN, H. Vinson & FOX, Charles R. **William J. Seymour and the Azusa Street Revival**. Disponível em *news.ag.org/en/Features/ William-J-Seymour-and-the-Azusa-Street-Revival*. Acesso em setembro de 2019.

[8] Idem.

[9] MATOS, Alderi Souza de. **O centenário do movimento pentecostal** (ver nota nº 5).

e chão batido, Deus despedaçou homens e mulheres fortes, para depois reconstruí-los para Sua glória. O ego religioso pregou rapidamente seu próprio sermão fúnebre".[10]

Certamente, o ponto mais alto nesse avivamento foi como as barreiras raciais e sociais se desfizeram diante do poder unificador do Espírito Santo. As reuniões contavam com a participação de negros, brancos, hispanos, asiáticos e imigrantes europeus, homens, mulheres e crianças – uma cena que era impensável para aquele lugar e época. A liderança era compartilhada entre negros e brancos, homens e mulheres. Costumava-se dizer que "a linha divisória da cor havia sido lavada pelo sangue". Tanto que, em um certo culto, que durou uma noite toda, pessoas de mais de vinte nacionalidades diferentes celebraram sua unidade em Cristo e desfrutaram da comunhão no Espírito.[11] A dinâmica interracial e intercultural da comunidade da Rua Azusa se mostrou uma poderosa ferramenta de testemunho, baseada na demonstração de amor e igualdade do Corpo de Cristo,[12] concretizando o pedido de Cristo, de que Seus discípulos fossem um, como Ele e o Pai são um, "para que o mundo creia" (João 17.21).

---

[10] SYNAN, H. Vinson & FOX, Charles R. William J. **Seymour and the Azusa Street Revival** (ver nota nº7).
[11] MATOS, Alderi Souza de. **O centenário do movimento pentecostal** (ver nota nº 5).
[12] SYNAN, H. Vinson & FOX, Charles R. **William J. Seymour and the Azusa Street Revival** (ver nota nº7).

A unidade com a cabeça levará o corpo aonde ela quer que ele esteja. Da mesma forma, quando a Igreja está sintonizada com Cristo, por meio do Espírito, seus anseios são os do Senhor. Podemos pedir coisas "em nome de Jesus" com a certeza de que seremos atendidos, não porque somos fortes ou muitos, mas porque desejamos o que o próprio Deus deseja.

Será que, como cristãos brasileiros, estamos buscando a vontade do Senhor para nosso país? Como os primeiros discípulos, e tantos outros irmãos no decorrer da História, temos sentido em nosso coração a urgência de fazer o que Cristo faria, de estar onde Ele estaria, de ir aonde Ele iria? Por que, de maneira geral, nos falta sede e fome de permanecer na presença do Senhor, de cumprir Sua vontade, de guardar Seus mandamentos?

Eu acredito que é preciso existir em nós, como Igreja brasileira, um desejo desesperado de nos alinharmos àquilo que Deus está fazendo em todo o mundo. As nações estão clamando e as pessoas estão sedentas. Quando ministramos em outros países, percebemos a fome de todos para conhecer aquilo que é eterno e inabalável, em meio a um mundo cada vez mais transitório. Existe um anseio para que os segredos divinos sejam revelados a uma geração em que o conhecimento só nos torna mais ignorantes. As pessoas anseiam por saber quem é Deus!

Sabemos que Jesus está voltando; o Noivo virá buscar a Noiva e, como Rei e Senhor, também governará sobre a Terra. Em breve, Seu padrão de justiça e juízo serão estabelecidos sobre todos. Mas, mesmo que o mundo todo caminhe na direção contrária, precisamos demonstrar nossa lealdade e submissão a Ele. É em Sua ausência que oramos "Venha o teu Reino; seja feita a tua vontade, assim na terra como no céu" (Mateus 6.10).

No texto de Mateus 7, que vimos há algumas páginas, Jesus diz que não se impressionará nem ficará acuado diante do "currículo espiritual" das pessoas. Com isso, imagino alguns chegando diante do Noivo, do Rei dos reis, com o peito estufado e dizendo: "Jesus, olhe aqui. Veja minha carteirinha de membro. Frequento a igreja tal há tantos anos. Em Seu nome expulsei demônios, curei enfermos, atraí multidões, fiz isso e aquilo, e aquilo outro. Senhor, em Seu nome eu realizei muitas coisas". Imagino Cristo levantando a cabeça calmamente, assim como fez diante daqueles que se achavam mais puros do que a mulher que queriam apedrejar (João 8.1-8), e falando: "Fique longe de Mim, você que pratica a iniquidade. Fique longe de Mim, você que pratica aquilo que é mal. Eu não o conheço. Nunca o conheci". Que palavra dura para se ouvir às portas da eternidade! Estes estarão destinados ao fogo, porquanto nunca conheceram nem reconheceram a autoridade de Cristo em sua vida. O anseio do meu coração é chegar diante do Senhor naquele dia e ouvir: "Serva boa e fiel, entra no descanso do Seu Senhor".

Amando o que Cristo ama

Tão importante quanto buscar o que Cristo busca é amar o que Ele ama. Uma vez, ouvi de um líder o seguinte desabafo: "É tão bom amar Jesus. Ele é lindo, puro, santo e bom. Mas é tão difícil amar as pessoas, que são volúveis, nos ferem, e falham conosco a toda hora!".

Dizer que ama a Jesus, mas não se importar com o que Ele prioriza é estar descompromissado com Sua causa. Tem se tornado cada vez mais comum nos últimos anos, principalmente com a multiplicação de denominações, encontrar pessoas muito amarguradas com a Igreja. Porém, assim como entendo que supervalorizar essas mágoas adquiridas no Corpo não é, de maneira nenhuma, a solução, também não me proponho a defender arduamente a inocência completa das congregações nesse processo. Não quero entrar no mérito de quem está certo e quem está errado, mas é fato que, dentro das instituições, infelizmente são muitos os que têm sido realmente feridos. Então, por não saberem como curar essas feridas, ou por não terem pastores e líderes com o coração de Deus, ou até por não serem capazes de lidar com qualquer tipo de autoridade, essas pessoas não conseguem encontrar cura para seu relacionamento com a Igreja.

Em razão disso, existe um ajuntamento hoje que se autodenomina "movimento sem igreja" ou "os desigrejados". São pessoas que afirmam amar a Jesus, mas que têm repulsa pela palavra "igreja". Foram feridos dentro da instituição e, por isso, não se relacionam mais com ela, ou com seus membros. Costumo ouvir de alguns deles: "Não quero saber de igreja". Não são poucos os que hoje a confundem com um clube social, um prédio ou um CNPJ, cuja participação é opcional e o objetivo é a satisfação de suas carências, anseios e expectativas. No entanto, a Igreja de Jesus é a comunhão dos santos, é o relacionamento existente entre pessoas que O amam e, por esse motivo, servem umas às outras com mesmo sentimento. Ali estão todos os que adoram a Cristo e anseiam por Sua vinda. É a Noiva amada, Seu corpo.

É triste ver que a imagem da Igreja tenha sido deturpada no decorrer dos anos por causa das demandas de instituições. Ela se tornou um lugar que frequentamos, em que assistimos a alguém com um microfone, ouvimos músicas, palestras, etc. A dinâmica de Corpo cedeu espaço a uma liturgia que promove diligências, e um ambiente onde se tornou comum ferir e sentir-se ferido. Os abusos são normais. Tudo em nome da congregação.

Temos por certo que a instituição é, às vezes, uma necessidade para fins organizacionais. Não podemos, de modo algum, achar que Cristo menospreza o sistema estabelecido entre os membros de Seu Corpo, e nem pensar que ele impede o livre fluir do Espírito. O apóstolo Paulo deixou instruções claras de que, quando os santos se reunissem como Igreja, tudo deveria ser feito com ordem e decência. No entanto, a ordem serve para um propósito: a edificação do Corpo (1 Coríntios 14.26-40). Isso coloca a comunhão acima do CNPJ, e as pessoas acima da instituição. Creio que Deus deseja trazer clareza e entendimento aos nossos corações de que Igreja fala de unidade, cumplicidade, e é o ambiente em que a Trindade se estende à humanidade. Eu outras palavras, é o Reino de Deus descendo à Terra através de seres humanos. Igreja é relacionamento dos membros entre si, e do Corpo todo com o Cabeça. Acredito que Deus queira nos fazer compreender o que significa ser Igreja de fato, em nossa cultura, em nossa época, do nosso jeito brasileiro de ser. Creio que estamos vivendo os últimos dias, e o desejo do Senhor é ver a igreja desta nação submissa ao seu maior líder, Cristo. Não é mais tempo de fazermos aquilo que achamos ser o certo, mas sim de buscarmos a direção e o querer do Senhor, os quais certamente passam pelo amor radical do Noivo por sua Noiva.

Sendo assim, é importante saber diferenciar uma voz profética da voz amargurada de quem foi ferido pela Igreja. Quando os profetas se levantavam na história de Israel, até mesmo as duras palavras contra o povo possuíam o propósito de levá-los de volta ao Senhor, e não de conduzi-los à destruição. Com isso, a atitude do profeta era tão importante quanto sua mensagem, pois seus atos e palavras eram uma representação visual do amor Deus ao povo. Lembre-se, por exemplo, do duro castigo que Moisés recebeu quando proferiu as palavras certas com a atitude errada, falhando em sua demonstração do que o Senhor tinha para o povo (Números 20.12-13). Além disso, vemos na história de Jonas uma punição divina pelo mesmo motivo, uma postura equivocada diante de uma palavra do Senhor. Mesmo que Deus tenha praticamente arrastado o profeta para Nínive, a vontade de seu coração não estava alinhada à d'Ele.

Ainda sobre a história de Jonas, quando eu era pequena, costumava recriminá-lo pelo que fizera, por ter fugido do chamado divino e se revoltado contra a graça que o Senhor desejava estender sobre Nínive. Mas, hoje, sei que talvez eu teria agido da mesma forma se estivesse na pele do profeta, e por isso não o julgo. Os ninivitas eram tão cruéis quanto o Estado Islâmico dos dias de hoje, por exemplo. Jonas provavelmente havia perdido amigos ou parentes nas mãos deles. Humanamente falando, eles mereciam ser punidos com a morte pelos crimes que praticaram contra o povo de Deus. Mas, justamente por compreender esse sentimento, é interessante como o Senhor é gracioso com Jonas. Que maior "vingança" poderia haver do que ver o inimigo do povo de Deus se humilhando voluntariamente na Sua presença, colocando roupas de luto até sobre os animais, na esperança de alcançar Seu favor e perdão? Jonas viu a rendição dos ninivitas não a

Israel, mas ao Deus de Israel, assistindo de camarote o cumprimento parcial da promessa do Senhor a Abraão, de que a sua descendência abençoaria muitas nações (Gênesis 12.3).

O desejo de Deus não é destruir o ser humano, mas é vê-lo se arrepender (2 Pedro 3.9). Assim, ser cúmplice do coração do Senhor não é simplesmente anunciar Sua mensagem e denunciar o pecado, mas pregar arrependimento e salvação. Não é proclamar somente o Dia do Juízo, mas todo o ano de aceitação do Senhor. Sim, o tempo da graça é mais estendido, porque ela é maior.

Há uns vinte anos, vivemos um tempo de muito despertamento do Espírito de Deus em Belo Horizonte. Muitas pessoas anunciaram que o Senhor estava para trazer um avivamento à nossa cidade e a toda a Nação, e eu tenho ansiado isso com expectativa. Sempre que leio a respeito de avivamentos descritos na Bíblia ou em outros momentos da história, meu coração arde com a possibilidade de experimentar coisas semelhantes em nossos dias.

Por isso, à medida que o tempo passou e a ambiência da presença e da santidade de Deus entre nós começou a esfriar, frustrei-me grandemente. Fiquei revoltada com a Igreja por, de certa forma, ter impedido o avivamento, por não buscar ao Senhor e da maneira que eu achava que ela deveria fazer. Quantas vezes subi para ministrar com meu coração amargurado contra o Corpo de Cristo, liberei palavras que matavam as pessoas, preguei um arrependimento sem a graça e deixava os ouvintes irem embora sem esperança. Assim, fui agindo cegamente, como Jonas, até o dia em que ouvi, de maneira muito forte, o Espírito Santo falando ao meu coração: "Filha, se você não ama a Igreja, você não pode profetizar sobre ela. Pare de machucá-la. Eu a amo".

Depois disso, fiquei acabada. A partir daquele dia, comecei a rever muitos dos meus sentimentos, atitudes e comunicação dura. Mudei minha linguagem, até quando as palavras que o Senhor me mandava eram de correção. Se não as ministrasse com misericórdia, mataria as pessoas, seus sonhos, e até sua alma.

Foi por volta dessa época que o Senhor me presenteou com a maternidade e, então, comecei a entender o sentimento do coração de Deus pela Igreja. Lembro-me do dia em que saí do hospital com minhas filhas para voltar para casa. Levamos as duas para o nosso quarto, para que ficassem mais perto, e as colocamos em uns bercinhos que pareciam manjedouras. Sozinha no cômodo, olhando para elas, fui tomada por um amor tão grande que comecei a chorar. Fiquei tão emocionada! Eu as admirava e chorava, questionando-me: "Deus, que amor é esse? O que estou sentindo?". Era uma sensação de responsabilidade e, ao mesmo tempo, um desejo de zelar e cuidar para que nada acontecesse com elas. A vontade que eu tinha, naquele momento, era de guardá-las novamente dentro de mim. Enquanto chorava, entendia que esse era o sentimento do coração de Deus pela Igreja.

À medida que as meninas têm crescido, com suas próprias demandas, opiniões, características emocionais, erros, ideias e personalidade, meu amor por elas também cresceu. O afeto e o relacionamento são os mesmos, seja nos momentos de ternura, de brincadeiras e até de cansaço ou correção. Ainda sou sua mãe, elas continuam sendo minhas filhas, e nada nunca irá mudar isso.

Da mesma maneira, Deus não desiste da Igreja. O relacionamento é o mesmo. Ele é o Pai que corrige, que acaricia, que supre as necessidades. É Ele quem sustém essa relação. Como o filho pródigo, a Igreja pode até se distanciar, mas o Pai, o Noivo e o Espírito a chamam de volta.

Precisamos entender que não conseguiremos manifestar o coração de Deus pela Igreja se não a amarmos como Ele ama. E o mesmo trato que oferecemos ao povo de Deus o Senhor dispensa a nós. Jesus tratou os fariseus com a mesma dureza com que eles se manifestavam ao povo. Mas Ele foi doce para com aqueles que criam n'Ele e O buscavam, com os que reconheciam precisar de Seu agir e de Sua presença.

Por vezes, já me perguntei: "Por que Deus não derramou o juízo sobre Fulano, Sicrano, Beltrano? Por que não trouxe luz sobre o pecado daquele que não se arrepende?". A resposta do Senhor ao meu coração, parecida com a de Jonas, continua sendo a mesma: "Eu ainda tenho esperança de que ele volte". Ele ainda tem expectativas de que haja arrependimento. Ainda espera, mesmo que tenhamos desistido das pessoas. Pela mesma razão que não desiste de mim e de você, Deus não desiste do outro. Por isso, a mesma graça que recebi, preciso transmitir.

Quando nos falta paciência e ânimo para com a Igreja, precisamos parar, desintoxicar nossa alma da amargura e respirar novamente o ar da presença de Deus. Só então, conseguiremos manifestar, de forma pura e simples, Sua palavra e vontade. A má representação do sentimento do Senhor fez com que Moisés visse a Terra Prometida de longe, mas não entrasse nela (Deuteronômio 32.48-51).

A graça de Deus nos conduz à obediência. Ela revela nossa insuficiência e nossa incompetência para voltarmos a Deus por conta própria. Mas ela também mostra o amor eterno e imensurável do Senhor pelos Seus filhos. Gentilmente, Seu amor e graça nos conduzem de volta à submissão perdida no Éden e reconquistada na Cruz. É a obediência que protege, que transforma, que nos sensibiliza à voz do Espírito. Ela nos recoloca no caminho da simplicidade, o mesmo que Cristo trilhou, e tantos outros após Ele. É a nossa humildade diante de Deus que dá acesso a outras pessoas para serem curadas por meio de nossas vidas.

Portanto, a Igreja não pode se voltar contra si mesma. Do contrário, ficará dilacerada. Quem age assim desconhece o Cabeça, Seu coração, e também Seu poder. Sua vontade é que o Corpo seja curado, e podemos ter certeza de que isso acontecerá pelo Seu agir.

Capítulo 4
O Corpo do Noivo

> Porque assim como num só corpo temos muitos membros, mas nem todos os membros têm a mesma função, assim também nós, conquanto muitos, somos um só corpo em Cristo e membros uns dos outros. (Romanos 12.4-5 – ARA)

No capítulo anterior, começamos a refletir a respeito do significado de ser Corpo de Cristo, e exploramos a submissão do Corpo ao Cabeça, que é Jesus. No entanto, sabemos que um corpo não é formado por membros aleatórios que se submetem a uma mesma cabeça. Para que exista vida, é preciso que, além disso, os diversos membros estejam interligados; para haver saúde, é necessário que esses elementos cooperem entre si, apoiando-se e cuidando uns dos outros.

Desse modo, neste capítulo, continuaremos a refletir sobre o Corpo de Cristo, porém não mais acerca da autoridade do Cabeça sobre nós, mas com relação à "justa cooperação de cada parte" que leva o Corpo a se edificar em amor (Efésios 4.16 – ARA).

A união entre os membros do Corpo é um aspecto tão central na Igreja quanto a sua subordinação a Jesus. O mesmo Espírito que nos revela quem Cristo é, e que nos faz nascer na família de Deus (cf. João 3.5; Romanos 8.14), é o Espírito de unidade que flui pelo Corpo e agrupa os membros entre si (cf. Efésios 4.4). Assim, encontramos a união no DNA do Corpo, na essência da Igreja: unidade entre pessoas e Deus, e uns com os outros, mediada por Cristo e efetuada pelo Espírito. E é exatamente isso que serve como exemplo visível da unidade do Deus Trino em amor ao mundo, e também proclama a cada geração, no decorrer dos séculos, que Jesus verdadeiramente é o Filho de Deus, o Enviado do Pai (João 17.21). Sendo assim, na família de Cristo, relacionamento e união são – ou devem ser – experiências centrais; valores fundamentais que precisam ser preservados.

O que significa ser Igreja?

A palavra "igreja" – *ekklesia*, em grego – não surgiu por causa dos cristãos. Ela era usada no contexto da cidadania grega, e seu significado se aproxima da palavra "assembleia". O sentido original do termo é "ser chamado para fora". Logo, a *ekklesia* era o coletivo de cidadãos que haviam saído de casa para se reunir em algum lugar público e tratar de assuntos comuns.

Quem usou essa palavra com sentido de "Igreja" pela primeira vez na Bíblia para se referir a um grupo de pessoas "chamadas para fora" foi o próprio Jesus. Diante da confissão de Pedro de que Ele era o Cristo, Filho do Deus vivo, o Mestre assegurou-lhe: "Sobre esta pedra edificarei a minha igreja" (Mateus 16.18). Podemos afirmar, então, que a pedra sobre a qual a Igreja tem sido edificada por Cristo é a declaração de que Ele é o Messias, o Ungido prometido através dos tempos, para levar a humanidade de volta ao Pai; e que Ele não foi um humano qualquer, mas o Filho Eterno do próprio Deus.

Em sua afirmação sobre a Igreja – como vimos em Mateus 16.18 – Jesus já deixou claro que, em primeiro lugar, ela pertence somente a Ele, pois a chama de "**minha** igreja". Dessa forma, os apóstolos, profetas, evangelistas, pastores e mestres que Ele mesmo designou (Efésios 4.11) têm o objetivo de "preparar os santos para a obra do ministério, para que o corpo de Cristo seja edificado" (v. 12), e não para que se apossem da Igreja, usurpando o lugar que pertence a Jesus. Assim, ela não é minha, nem sua, nem de ninguém nesta Terra, mas pertence unicamente ao Senhor. Ainda em sua declaração, Jesus também mostrou que Ele se encarrega de edificar a Igreja – e faz isso por meio dos dons que concedeu aos membros do Corpo – e que esta edificação está baseada na declaração da verdade de quem Cristo é.

Em consequência, pertencer a Jesus, ser edificada por Ele e estar fundamentada n'Ele é o que confere à Igreja seu valor e beleza. Ela não é como qualquer outro grupo de pessoas, não sai de moda, nem depende da capacidade de seus líderes para crescer ou se manter. Ela é propriedade de Jesus; sua existência deriva da Sua vida que há em nós, e de Seu fluir por meio de nós: "Eu sou a videira; vocês são os ramos. Se alguém permanecer em mim e eu nele, esse dará muito fruto; pois sem mim vocês não podem fazer coisa alguma" (João 15.5).

Logo, se Igreja é coletivo, unidade e relacionamento, compreendemos que é impossível dar forma a ela sozinhos. John Donne, um antigo poeta e pregador britânico, expressou essa verdade em um lindo verso que se tornou universalmente famoso: "Nenhum homem é uma ilha completa em si mesmo; todo homem é um pedaço do continente, uma parte da terra firme". O cristão individualmente é templo, mas não é Igreja; é membro, mas não é o Corpo. Viver a Igreja de Cristo é estar ligado a outras pessoas que compartilham da mesma fé, com as quais podemos desenvolver laços e profunda intimidade, a fim de dar e receber amor, consolo, perdão, encorajamento, exortação e tantas outras coisas que a Bíblia nos ensina – e que só são possíveis se vivemos em comunidade.

Às vezes, enfatizamos demais o relacionamento pessoal com Deus, em detrimento da comunhão com a Igreja. No entanto, se examinarmos as Escrituras, observaremos que muitas das revelações pessoais do Senhor aconteciam em meio às multidões. Na verdade, quase sempre, tinham um propósito para toda a comunidade. Além disso, os escritos que hoje compõem a Bíblia foram redigidos, em sua maior parte, para comunidades e igrejas, e não para pessoas específicas.

Fato é que devemos zelar por nossa caminhada íntima com o Pai, mas, mesmo assim, ela não substitui a jornada coletiva do Corpo. A vida com Deus não é uma empreitada solitária, ela envolve carregar os fardos dos outros, celebrar suas vitórias, chorar suas lágrimas, ouvir suas confissões de pecados e também confessar os nossos, assim, vivendo na pele a comunhão inspiradora da Trindade.

Desta forma, ser discípulo de Jesus significa tanto estar ligado a Ele quanto às pessoas. Somos membros de Cristo e uns dos outros, como Paulo escreveu em Romanos 12.5. A ligação de cada crente com a totalidade da Igreja é tão essencial quanto sua conexão com o próprio Cabeça. Na verdade, uma coisa pressupõe a outra. É impossível estar intimamente ligado ao Corpo e não a Jesus, como também é impossível estar conectado ao Senhor e viver independente de Sua Igreja.

O Céu não é aqui

Tenho notado com maior frequência, nos últimos anos, que alguns irmãos não têm problema em se verem como parte do Corpo de Cristo, porém relutam em se incluírem na igreja local. Penso que talvez isso aconteça porque mantemos uma visão romanceada do Corpo, ao passo que a experiência com a congregação é bastante real e, por vezes, nem sempre prazerosa. O primeiro nos traz à mente imagens de colaboração e harmonia, enquanto a segunda nos faz pensar nos entraves e nas burocracias das instituições. Enquanto não há competição por posições proeminentes entre os membros, existem plataformas de destaque na igreja. E se a autoridade única do Corpo é o Cabeça, na comunidade local há centenas de cargos hierárquicos e pequenas esferas de poder.

Não podemos negar que existem imperfeições nessa família, e que elas nos assustam. Ainda assistimos a injustiças, traições, mentiras, falsidade e deserções sendo praticadas por aqueles que se dizem cristãos. Tudo isso é fonte de muita dor ao povo de Deus. Porém, essas más experiências servem para nos lembrar de que o Céu não é aqui. Ainda não alcançamos a perfeição. Assim como Isaías, todos os crentes são "homens de lábios impuros e vivem no meio de um povo de lábios impuros" (Isaías 6.5). Todos nós estamos suscetíveis a falhas e ninguém está isento de culpa perante Deus e diante do próximo.

Embora a Igreja pertença a Cristo, seja edificada por Ele e esteja fundamentada na Sua Verdade, a luta contra o pecado ainda é uma realidade na vida de todos os cristãos. Graças a Deus, não somos mais escravos dele, pois o Filho nos libertou. Isso significa que, hoje, tenho poder para não pecar e, em vez disso, fazer o que é bom. Posso escolher não mentir e falar a verdade, posso dar a outra face e caminhar a segunda milha. No entanto, nenhum crente está livre da tentação, das consequências e dos efeitos do pecado em sua vida. Ainda temos cantos escuros em nossas almas. Ainda ferimos os outros e não sabemos perdoar quando somos feridos. Ainda agimos de forma egoísta e infantil. Isso tudo porque ainda não alcançamos o Céu.

Devemos encarar a realidade de que a Igreja que existe hoje, em cada cidade do Brasil e do mundo, é formada por pecadores em recuperação. Cada congregação é um canteiro de obras, uma casa de recuperação, um pronto-socorro. Não poderia ser diferente, pois o Senhor disse: "[...] Não são os que têm saúde que precisam de médico, mas sim os doentes. Eu não vim chamar justos, mas pecadores ao arrependimento" (Lucas 5.31-32).

Se Cristo não tem chamado os saudáveis, mas sim os doentes, precisamos aprender a limpar feridas, administrar remédios e promover cura. Contudo, não faremos essas coisas na posição de médico. Jesus é o médico. Nós somos os doentes que Ele chamou, aqueles que formam Sua Noiva. Precisamos aprender a cuidar das feridas uns dos outros dentro do Corpo de Cristo, assim como tratamos as que surgem em nós.

Não ignoramos feridas abertas em nosso próprio corpo. Todos sabem que ferimentos que não cicatrizam são a porta de entrada para doenças e infecções ainda piores. Assim, cuidamos de cortes, vergões e escaras com paciência até que sequem e fechem. Lembro-me da época de escola quando ainda era criança e chegava em casa com o joelho ralado. Minha mãe limpava o machucado com um remédio que só de lembrar me dá arrepios até hoje: o Merthiolate. Interessante é que esse medicamento passou por diversas alterações em sua formulação, e, hoje em dia, o que uso nas minhas filhas é muito mais indolor. Minha infância foi marcada pela grande dor que ele causava, até mais do que o próprio machucado. Eu e a maioria das crianças da minha época fugiam quando viam a mãe chegando com o vidro escuro numa mão e os curativos em outra. Sofríamos a dor por antecipação. Às vezes, eu perguntava: "Mãe, não posso só colocar o Band-Aid?". A explicação era sempre a mesma: "Não, porque o curativo não limparia nem ajudaria a cicatrizar o machucado". Ainda consigo visualizá-la passando o remédio, abanando e soprando meu joelho, enquanto eu me contorcia de dor. Hoje, como mãe, posso afirmar que ela também estava sofrendo comigo!

Com o Corpo de Cristo também é dessa maneira. Somos convocados para levar cura uns aos outros, para ministrar o remédio – ainda que arda e doa – sobre a ferida, para assoprar e abanar o outro numa expressão de empatia e conforto. A Igreja é uma comunidade de doentes em tratamento, e somos simultaneamente pacientes, enfermeiros e medicamentos na vida uns dos outros – uma equipe improvável chefiada por Jesus. Talvez sejamos remédios dolorosos na vida de algumas pessoas, assim como elas podem ser pílulas amargas para nós, mas também há cura na dor. Foi nos ferimentos de Cristo que encontramos cura para nossas próprias feridas (Isaías 53.5). Jesus não virou o rosto, enojado, diante de nossas chagas e úlceras abertas, mas "tomou sobre si as nossas enfermidades, e as nossas dores levou sobre si" (v. 4). Uma vez que a Igreja é convidada a seguir os passos do seu Senhor, cada membro é chamado para carregar o fardo do outro (Gálatas 6.2).

Diante disso, da mesma maneira como é preciso tratar com paciência de feridas que são profundas, não podemos descuidar de pequenos machucados que parecem ser superficiais. Isso, porque, por falta de resiliência, constância e renúncia, problemas de relacionamento que eram machucados pequenos tornam-se enormes e, em muitos casos, só se resolvem com amputação. Quantos divórcios teriam sido evitados, quantas divisões entre famílias e igrejas, quantas lágrimas teriam sido poupadas se as pequenas feridas da falta de comunicação, perdão, ou empatia fossem tratadas com carinho e persistência.

Porém, existem algumas questões tão profundas na alma das pessoas que, por mais desafiadoras que sejam, não podem ser ignoradas. Lembro-me de Jesus descendo do monte da transfiguração e encontrando os discípulos perplexos diante de um caso que não conseguiram resolver. Tratava-se de um menino que sofria de mudez e convulsões. Mas ele não suportava isso sozinho. Talvez quem carregasse a maior dor fosse seu pai, que o levara até ali. O homem buscava a cura de seu filho, mas, ao que parece, foi sua falta de fé que impediu o rapaz de ser curado. Quando o pai confessou sua incredulidade e pediu ajuda, seu menino foi restaurado pelo Senhor (Marcos 9.24). Contudo, na sequência do texto, vimos que não foi somente o pai que atrasou a cura do garoto, mas também os discípulos. Por ignorarem a complexidade do caso que tinham diante de si, abordaram a situação de forma convencional. E isso só prolongou o sofrimento do menino e de seu pai.

Questões delicadas como esse tipo de ferida requerem discernimento e paciência para serem tratadas. Elas pedem por jejum e oração, amor e compaixão. Porém, não podem ser abandonadas por serem desafiadoras demais. É preciso tratar desses males, cuidar de relacionamentos complicados para que haja cura real. Costuma-se dizer que o tempo sara todas as feridas, mas isso não é verdade. Jesus é a cura para toda e qualquer dor humana, e Seu Corpo é instrumento para isso, para si mesmo e para o mundo. Que nossa falta de fé e entendimento não aumente a dor de irmãos, mas que sejamos sarados por Cristo para ministrar Sua cura a outros.

A pedagogia da dor

Para promover a cura, precisamos aprender a lidar com a dor, a suportá-la e acolhê-la como meio de crescimento e restauração. A compreensão e aceitação desse processo é sinal de saúde física e emocional. Um corpo incapaz de sentir e processar sua própria dor não está em condições normais, está anestesiado ou doente.

Sabe quando você bate o dedão do pé na quina de algum móvel? Pense no que acontece. Todo seu corpo experimenta uma sensação de fraqueza e reage à dor que o pé está sentindo. Até mesmo suas emoções se mobilizam em prol do dedão ferido. Não dizemos ao pé: "Não foi nada, nem doeu tanto assim". Não negamos a dor. Sentimos raiva do móvel, e tratamos de aliviar o incômodo. Enquanto o rosto expressa o sofrimento, todo o corpo trabalha para sanar a dor. Os pés nos conduzem ao congelador para buscar gelo. As mãos até se machucam com o frio dos cubinhos enquanto preparam uma compressa, mas suportam o desconforto para cuidar do dedão. Tudo fica para depois, até que a dor seja aliviada.

Da mesma forma, quando existem feridas no Corpo de Cristo, como membros que somos uns dos outros, devemos contribuir para que o amor de Deus e a virtude que há em Jesus flua pela Igreja, levando cura aos doentes. Esse amor penetra nas entranhas de cada membro e permeia a relação de uns com os outros, através do Espírito Santo, e gera a restauração, ainda que a ferida seja antiga ou recorrente.

Logo, o fluir do Espírito Santo pelo Corpo de Cristo é a razão de sua vitalidade, pois é o Espírito de vida. São águas que jorram perpetuamente, produzindo saúde e restauração. No princípio, fala-se do Espírito de Deus se movendo sobre a face das águas (Gênesis 1.2). Em Ezequiel, Ele é a água que transborda do templo de Deus e se torna um grande rio, que, por onde flui, tudo vive (47.6-9). No evangelho de João, Jesus denomina-O como "uma fonte de água a jorrar para a vida eterna" (4.14). Em Apocalipse 22.1, o Espírito corre pela avenida principal da nova Jerusalém como "o rio da água da vida que, claro como cristal, que fluía do trono de Deus e do Cordeiro" (acréscimo da autora).

O Espírito é retratado como rio porque as águas não param. O fluxo da correnteza não pode ser contido. Outra boa ilustração utilizada por Jesus para caracterizar o Espírito Santo, que traz esse mesmo sentido de fluidez, é a do vento: "O vento sopra onde quer. Você o escuta, mas não pode dizer de onde vem nem para onde vai. Assim acontece com todos os nascidos do Espírito" (João 3.8). O Espírito está sempre se movendo, e seu movimento, simbolizado pela água ou pelo vento, gera vida, traz cura e renovo. De Gênesis até Apocalipse, o mover de Deus jamais será controlado.

Uma vez que todos os membros do Corpo foram embebidos nesse rio do Espírito, por dentro e por fora, passam a ser potenciais instrumentos de cura e ministração sobre a vida do irmão. É como diz o versículo: "Pois em um só corpo todos nós fomos batizados em um único Espírito: quer judeus, quer gregos, quer escravos, quer livres. E a todos nós foi dado beber de um único Espírito" (1 Coríntios 12.13). O que nos impede, muitas vezes, de experimentar e promover a cura é quando perdemos consciência de que estamos ligados ao restante do Corpo. É quando nos permitimos ser anestesiados por frustrações, mágoas e decepções. Ainda pertencemos à Igreja, e o Espírito de vida ainda flui, mas nos encontramos insensíveis a essa realidade e não respondemos aos estímulos do Cabeça.

Essa condição de falta de alinhamento ao restante do Corpo é tão perigosa que o apóstolo Paulo afirma que ela pode gerar condenação para quem ali se encontra.

O perigo de não discernir o Corpo

> Examine-se cada um a si mesmo, e então coma do pão e beba do cálice. Pois quem come e bebe sem discernir o corpo do Senhor, come e bebe para sua própria condenação. Por isso há entre vocês muitos fracos e doentes, e vários já dormiram. Mas, se nós tivéssemos o cuidado de examinar a nós mesmos, não receberíamos juízo.
> (1 Coríntios 11.28-31)

Neste trecho de sua carta aos coríntios, Paulo está falando sobre a cerimônia da Ceia do Senhor, a Santa Comunhão. Pelo que lemos no verso 21, deduzimos que a Ceia não era um ato simbólico, como fazemos hoje. Em Corinto, era uma refeição de verdade. Cada um ficava responsável por trazer um prato de comida de sua própria casa, que seria compartilhado com os irmãos da comunidade cristã. Seria uma espécie de "junta-panela". No entanto, a partilha nunca chegava a acontecer. Aparentemente, o evento acontecia da seguinte forma: os ricos comiam rapidamente o que haviam trazido, sem ao menos esperar pelos outros – que muito provavelmente eram os mais pobres e os escravos, que não tinham condições de chegar mais cedo. O resultado é que os famintos saíam com mais fome, e os alimentados saíam bêbados e empanturrados. Com isso, perdia-se o propósito da Ceia, que não era o de matar a fome de algumas pessoas, mas celebrar a comunhão e anunciar a morte do Senhor, conforme Ele havia ordenado.

Pela indignação de Paulo no texto, deduzimos que os coríntios não faziam esforço nenhum para programar a refeição a fim de que todos pudessem participar. Na verdade, é possível ter uma impressão completamente contrária: eles agiam assim propositalmente, para, dessa forma, sustentar as muitas divisões que havia entre eles (1 Coríntios 1.10-17; 3.1-23; 6.1-8; 11.18).

Se as divisões já não fossem ruins o bastante, tornavam-se ainda mais graves por se manterem na celebração da Ceia. Em vez de a comunhão se tornar um ato edificante, o modo como a reunião era conduzida causava um efeito dilacerante. A Santa Ceia tem o objetivo de festejar a vitória de Cristo, a salvação concedida em sua morte e ressurreição, além de anunciar Seu retorno; mas ela também acontece para que exista comunhão entre a Igreja. Pois o corpo de Cristo foi partido "em favor de vocês" (1 Coríntios 11.24), para tornar Seus amados o Seu Corpo. Seu sangue foi derramado a fim de selar uma nova aliança (1 Coríntios 11.25) entre o Homem e Deus, e entre cada pessoa e seu próximo. Como seria possível anunciar todas essas verdades com espírito de divisão? Os coríntios estavam partindo novamente o Corpo de Cristo, mas não para a salvação, e sim para destruí-lo.

Por isso, Paulo os advertiu: "Se vocês celebrarem a ceia na divisão, como têm feito, sem discernimento de que são o Corpo de Cristo, correm o risco de sofrer as consequências. É por isso que, entre vocês, tem muita gente que está doente e que morre antes do tempo".

Participar da Ceia do Senhor alimentando mágoas no coração, nutrindo ressentimentos e ofensas contra outros irmãos da família de Deus em sua alma, significa colocar-se debaixo do juízo divino. Muitas enfermidades que surgem no corpo são consequências de um coração ressentido.

Sendo assim, ter discernimento do Corpo significa entender que somos um só, que temos uma aliança entre nós e que somos membros uns dos outros. E o que nos resta é compreender que temos, sim, responsabilidade sobre as vidas de nossos irmãos.

Atualmente, é comum que a Ceia seja realizada como um ato individual, em vez de uma festa coletiva. Enfatiza-se, por exemplo, o exame pessoal, prescrito pelo apóstolo no verso 28, ainda do capítulo 11 de 1 Coríntios, que é conduzido, muitas vezes, como um autoexame com a finalidade da confissão de pecados. No entanto, quando Paulo convida a Igreja a esse autoexame, ele não está falando apenas da confissão de pecados individuais. Esse ato deve acontecer diariamente na vida do cristão, e seus pecados devem ser tratados constantemente. Na Santa Comunhão, o exame pessoal é um convite para cada um trazer à consciência o que está recordando: a morte, ressurreição e futura vinda de Jesus; o sacrifício de seu corpo para a formação de um novo Corpo. A Ceia é a celebração desta nova possibilidade de relacionamento. Assim, Paulo adverte os coríntios a não cearem sem discernir o Corpo, mas a esperarem uns pelos outros. Aquela refeição deveria alimentar a todos, e não apenas alguns membros.

A vitória do perdão

Além da comunhão, outro ato que a Igreja celebra na Ceia é o perdão; remissão sobre a qual se baseia nossa comunhão com Deus e com o próximo. Ao vencer na cruz, o Senhor conquistou o perdão de Deus, o qual alcançou-nos gratuitamente. Comemoramos Sua vitória na Santa Ceia porque ela anuncia a possibilidade de sermos perdoados por Deus, mas também de perdoarmos uns aos outros. Trata-se de uma conquista sobre a culpa e o peso do passado.

A vida que temos hoje é a soma de tudo o que escolhemos e vivemos anteriormente. Coisas boas e coisas ruins, cada qual com seu peso. Se não soubermos tratar o passado, ficaremos presos a ele e não teremos expectativa para o futuro. Dessa maneira, estaremos presos numa roda-viva, revivendo situações e repetindo processos sem construir nada novo.

O perdão é crucial porque ele nos liberta das amarras do passado. Primeiramente, ele nos livra de nossa culpa diante de Deus; e, em segundo lugar, ajuda a livrar-nos da culpa do passado e do peso com relação a todos os demais, inclusive nós mesmos. O perdão com que fomos perdoados pelo Pai é o que devemos usar para com nossos irmãos e até para conosco, aceitando quem somos e considerando o perdão de Cristo suficiente. Esse é o ponto-final de que necessitamos para encerrar qualquer processo de autocondenação. Não precisamos mais nos condenar porque já fomos perdoados, e não precisamos mais viver à sombra do erro que cometemos, porque recebemos nova vida. A partir do momento em que recebemos essa redenção por meio do perdão, somos capazes de perdoar e sermos perdoados. Posso liberar perdão sabendo que o próprio Jesus já absorveu na cruz o peso de todos os pecados e ofensas cometidos. Quando perdoo quem me deve, simplesmente repasso à pessoa algo que já lhe pertence por direito; algo pelo qual Jesus pagou um alto preço. Não tenho o direito de reter perdão, porque ele não me pertence.

Através da cruz também recebemos a capacidade de pedir perdão, independentemente se teremos retorno negativo ou positivo. A angústia desse pedido é se expor e não ser perdoado, ou não contar com a simpatia e compaixão do outro. Porém, com a vitória de Cristo e Sua graça, podemos pedir perdão baseados no fato de que Deus já nos perdoou. O pedido de remissão ao outro é um reconhecimento da dívida que contraímos com ele. Porém, não é um pedido de libertação, porque a dívida já foi paga por Jesus. Aqueles a quem devemos podem ou não nos perdoar, mas o perdão que o Senhor conquistou na cruz é o que realmente nos liberta. Em Cristo, podemos descansar no perdão que recebemos d'Ele mesmo se o outro se recusa em nos perdoar, pois a graça de Deus é suficiente para nos libertar da culpa. Assim, não seremos menos completos se o outro não nos perdoar. Seremos menos completos se não estendermos perdão. Se a pessoa não consegue me liberar perdão, ela se torna alvo da minha intercessão, porque agora é ela que tem um "problema" com Deus, pois está desobedecendo à ordem divina de perdoar os devedores (Mateus 6.12).

Levando isso em consideração, a Igreja é a comunhão dos perdoados, a comunidade de devedores e perdoadores. O que nos mantém unidos não é o fato de termos alcançado a perfeição e não precisarmos mais do perdão dos outros, mas é justamente a possibilidade de receber e estender perdão livremente. O perdão conquistado pelo Senhor abriu a possibilidade de entrarmos em comunhão com quem nos ofendeu, com aqueles que não pensam como nós, e com quem é diferente. Essa nova comunidade estende ao mundo o que ela recebeu: cura, libertação, sinais, luz e amor. Ela é o Corpo do Emanuel – Deus conosco.

Em suma, são por esses motivos que a Igreja não pode se aproximar da mesa do Senhor com mágoa e rancor estocados em seu coração. A Ceia celebra o perdão e a unidade. É o reunir-se em nome do Senhor. Quando fazemos isso, o próprio Cristo se faz presente de maneira muito especial, e atende ao que sua Igreja pede em concordância e união (cf. Mateus 18.19-20).

Sobrevivendo em uma geração ofendida

A ambiência de perdão e unidade que Jesus Cristo estende a seus seguidores é totalmente contrária à cultura deste século, que se desenvolve sobre o individualismo e a vingança. Vivemos numa sociedade em que o amor tem se esfriado na mesma medida em que a intolerância cresce. Mas, da mesma forma que as pessoas parecem fortes e cheias de si, elas são extremamente frágeis, parecem até cascas de ovos. Vamos lá, você já saiu para comprar ovos no supermercado? São tão delicados que não podem ser acomodados de qualquer maneira na sacola ou no porta-malas do carro. Eles precisam ficar por cima de todas as compras, ou numa sacola separada e reforçada, para que não corram o risco de se quebrarem com qualquer impacto. É péssimo quando, ao chegar em casa, abrimos a caixa e somos surpreendidos por um verdadeiro omelete. Um megadesperdício!

Por muitas vezes, lidamos com pessoas que se ofendem facilmente. Para tratar com elas, precisamos ter cuidado como se estivéssemos pisando em ovos, com muito cuidado para que não se sintam agredidas com a mínima palavra ou ação. Mesmo assim, dependendo de seu nível de sensibilidade, uma simples conversa pode terminar com um grande mal-entendido, gerando feridas e mais ofensas. Ao mesmo tempo que é difícil se relacionar com essas pessoas, elas se tornam alvos fáceis de gente mal-intencionada, com grande capacidade de seduzir os outros com as palavras certas e agradáveis aos ouvidos.

Ofensa, ódio, engano e maldade: essas são características com as quais Jesus descreve a geração que antecede Sua vinda:

> Naquele tempo, muitos ficarão escandalizados, trairão e odiarão uns aos outros, e numerosos falsos profetas surgirão

e enganarão a muitos. Devido ao aumento da maldade, o amor de muitos esfriará, mas aquele que perseverar até o fim será salvo. E este evangelho do Reino será pregado em todo o mundo como testemunho a todas as nações, e então virá o fim. (Mateus 24.10-14)

A "cultura" de ressentimentos, característica de nossa época, tem feito com que muitos deixem de ouvir a voz do Senhor. Escandalizados pela radicalidade do Evangelho, a mente de nossa sociedade tem sido cauterizada pelo pecado e presa ao engano por meio de falsos ensinos.

O termo "escandalizar", usado por Mateus no texto acima, tem o sentido de causar decepção ou ofensa a outra pessoa ou a si mesmo. São atitudes, intencionais ou não, que levam os outros a tropeçarem e se ofenderem. Desse modo, Jesus está dizendo que nos últimos tempos, muitos se ofenderão com qualquer coisa, como gente que procurará intencionalmente ofender os outros. Acima de tudo, porém, está o fato de que o próprio Evangelho será motivo de ofensa. Ele será como uma armadilha para aqueles que não querem se submeter a Jesus, para aqueles que acham que o preço do discipulado – tomar a cruz e segui-lO – é alto demais. Os princípios de Cristo parecerão absurdos ao mundo, que procurará viver propositalmente o oposto do que o Evangelho propõe: uma vida de submissão a Cristo e comunhão com o próximo. Esse estilo rebelde favorece o ambiente de ódio e traição, que só resulta em mais ofensa. Assim, a cada dia, o estilo de vida cristão se torna mais ofensivo para o das pessoas que o abominam.

Creio que já vivemos em um ambiente onde o Evangelho tem se tornado extremamente ofensivo para as pessoas. Ele confronta as verdades, os confortos e as crenças fundamentais desta sociedade. E não apenas isso, mas a ênfase atual sobre o individualismo faz com que as pessoas se tornem cada vez mais egoístas e reativas a tudo que aparente ameaçar sua privacidade. Sem dúvida alguma, o Evangelho é uma grande ameaça. No decorrer dos anos, as pessoas são "treinadas" para se tornarem cada vez mais individualistas e menos tolerantes com os que pensam diferente, com o sentimento coletivo e até mesmo com os sofrimentos e privações normais que a vida lhes proporciona. Quando olhamos para as redes sociais e meios de comunicação em geral, vemos que aquilo que foi criado para facilitar o entrosamento, na verdade, tem sido um instrumento para que não exista forma alguma de convívio. Eu acredito que as conversas virtuais se resumem a mostrar aos outros uma imagem falsa acerca de si mesmo. É comum correr atrás de *likes*, seguidores e aprovação, mas nada disso supre a alma das pessoas, nem a necessidade natural do ser humano de ter comunhão, de ser aceito e acolhido como é, sem precisar mutilar suas emoções para agradar outros. Prova da intolerância da geração atual é o fato de que, no ambiente das mídias, é quase impossível emitir opinião sem receber duros ataques pessoais daqueles que pensam de forma diferente.

Há um tempo, num Dia da Consciência Negra, postei na *internet* um vídeo que trazia um posicionamento bíblico a respeito da questão do racismo e da discriminação. No vídeo, eu falava o quanto precisamos ser equilibrados em nossa posição contra essa péssima prática. No Reino dos Céus somos todos iguais, não existe distinção. Por esse motivo, os negros não são coitados nem vítimas. São pessoas cujo valor máximo está em serem feitos à imagem e semelhança de Deus, assim como todas as outras raças. Penso que, em todas as esferas da sociedade, ainda há muito o que alcançar quando falamos de avançar no zelo para com o próximo, que na grande maioria das vezes é diferente de cada um de nós. Ainda há muito desequilíbrio que, de acordo com o que acredito, só será superado dentro da cultura do Reino, como o racismo, por exemplo, que é intrínseco ao ser humano por causa do pecado. Em termos humanos, luta-se contra a discriminação por meio dela mesma. Com isso, proliferam-se as tribos e os guetos que fragmentam a humanidade. Penso que a pior forma de se lutar contra a discriminação é destratando o opressor, ressaltando a ofensa, revivendo o sofrimento para gerar revolta em vez de perdão. Não creio que isso vá gerar cura para a sociedade, pois pessoas extremamente ofendidas não conseguem gerar transformações.

Pois bem, era basicamente isso o que eu dizia no vídeo. Nos comentários, alguns escreveram que eu estava fazendo um desserviço ao negro no Brasil e ficaram escandalizados com uma posição baseada em valores do Reino. Talvez esperassem que eu, como negra, comprasse a briga e levantasse a bandeira racial. Porém, como o Evangelho me convida a baixar todas as bandeiras, a amar meus inimigos e aceitar que eu e o outro temos o mesmo valor aos olhos de Quem nos criou, tomei uma atitude que gerou decepção e escândalo.

Ultimamente temos nos ofendido com muita facilidade! Lembro-me das histórias dos meus pais a respeito de sua infância e juventude. Contavam que haviam passado por muito sofrimento, mas essa experiência fez com que se tornassem pessoas melhores, mais responsáveis, trabalhadoras e maduras. Parece-me que as pessoas de antigamente possuem mais anticorpos tanto em sua mente quanto em seu corpo para lidar com a dor. Nossa geração, por outro lado, tem muita dificuldade com "aflição" – basta pensar na reformulação do Merthiolate! É claro que ninguém gosta de sofrer de graça, porém estamos tão sensíveis que não suportamos a menor parcela de dor.

Este é o ar tóxico que circunda esta geração. Quando desastres ambientais contaminam o ar de determinada localidade, as pessoas que trabalham ou residem na região precisam usar máscaras para respirar, pois o ar se torna nocivo. Da mesma forma, em meio a esse ambiente de ofensas, a Igreja brasileira precisa ser blindada pelo Espírito Santo. O "ar" que respiramos precisa ser purificado pela presença de Deus, para que não sejamos sufocados.

Esta é uma geração que se ofende com facilidade – mas, infelizmente, também me refiro às pessoas dentro da Igreja. Muitos irmãos ainda não entenderam o significado de ser Corpo. Acabamos ofendendo a nós mesmos e a outros com facilidade. Nós criamos tropeços e dificultamos o caminho para que o outro conheça a Deus. Creio que muitas são as ofensas no Corpo de Cristo nesses dias. Se não temos suportado o peso da cruz, o que dirá o do sacrifício? Como escreveu o autor de Hebreus: "Na luta contra o pecado, vocês ainda não resistiram até o ponto de derramar o próprio sangue" (12.4).

Temos de voltar nossos olhos para o exemplo de Cristo, que:

> [...] pela alegria que lhe fora proposta, suportou a cruz, desprezando a vergonha, e assentou-se à direita do trono de Deus. Pensem bem naquele que suportou tal oposição dos pecadores contra si mesmo, para que vocês não se cansem nem desanimem. (Hebreus 12.2-3)

Jesus suportou a cruz, um instrumento de humilhação e dor, e desprezou a vergonha que ela lhe traria, e que de fato trouxe. Mas, por que fez isso? Por causa da alegria que lhe fora proposta, esta que já apresentamos aqui: Sua Igreja, como recompensa pelo penoso trabalho de sua alma. Após ser humilhado, Cristo foi exaltado, assentando ao lado do trono de Deus. Da mesma forma, há uma recompensa que espera por nós! Há uma glória eterna que aguarda por aqueles que perseveram até o fim:

> [...] somos herdeiros; herdeiros de Deus e co-herdeiros com Cristo, se de fato participamos dos seus sofrimentos, para que também participemos da sua glória. Considero que os nossos sofrimentos atuais não podem ser comparados com a glória que em nós será revelada. (Romanos 8.17-18)

Jesus disse que para ver a Deus era necessário ser limpo de coração (Mateus 5.8). As ofensas embaçam nossa visão, poluem o nosso coração, obstruem o fluir da presença divina, e nos atrapalham no ouvir Sua voz, e recebermos direcionamento. Elas até nos privam de experimentar o perdão do Pai: "Pois se perdoarem as ofensas uns dos outros, o Pai celestial também perdoará vocês. Mas, se não perdoarem uns aos outros, o Pai celestial não perdoará as ofensas de vocês" (Mateus 6.14-15).

Muitos mestres, poucos pais

É tempo de deixarmos as ofensas para nos tornarmos efetivos na obra de Deus e no uso dos dons que Ele nos concedeu. Quando Paulo fala a respeito disso na carta aos coríntios, ele utiliza a famosa ilustração do corpo humano, que já temos citado aqui, e salienta que o dom deve ser utilizado para a edificação, visando ao bem comum (1 Coríntios 12.7; 14.12-26). Porém, não basta utilizar o dom para que seja automaticamente efetivo. Ele só alcança o fim proposto da edificação mútua quando é praticado no ambiente de amor.

> Ainda que eu fale as línguas dos homens e dos anjos, se não tiver amor, serei como o sino que ressoa ou como o prato que retine. Ainda que eu tenha o dom de profecia e saiba todos os mistérios e todo o conhecimento, e tenha uma fé capaz de mover montanhas, se não tiver amor, nada serei. Ainda que eu dê aos pobres tudo o que possuo e entregue o meu corpo para ser queimado, se não tiver amor, nada disso me valerá. (1 Coríntios 13.1-3)

Esse texto é bastante famoso, citado até por poetas e músicos não cristãos para falar do amor. Mas ele não fala exclusivamente disso; trata do exercício dos dons em amor. Paulo cita, como exemplos, o dom de línguas, de profecia e misericórdia, e afirma que nenhum deles, ainda que seja perfeitamente exercido, atingirá qualquer efeito positivo se forem exercidos sem amor. Desta forma, quando um dom é praticado num ambiente de ofensas, ele é inútil, pois não gera a edificação inicialmente proposta.

Tenho visto nestes dias muitas pessoas se levantando para ministrar, ensinar e fazer discípulos, mas fazem isso a partir de um coração ofendido ou ofensivo, e não por meio do amor. Como resultado, temos muitos "mestres" de internet, muitos "sábios", muitos "teólogos" que têm como objetivo somente chocar a Igreja e o mundo, ou, ficarem chocados com tudo o que a Igreja e o mundo fazem. Assim, não há equilíbrio, amor, conhecimento real de Deus, transformação de vidas, nem a glorificação de Cristo.

O Senhor Jesus tratou com muita severidade aqueles que viviam em enorme descompasso entre suas palavras e suas intenções. Chamou-os de "hipócritas", ou seja, de falsos e dissimulados. Curiosamente, os maiores exemplos de hipocrisia dos dias de Jesus eram os mestres, os líderes religiosos da época. Eles também foram o grupo que mais se ofendeu com o Evangelho e as atitudes do Senhor. Por isso, receberam as palavras mais duras de Jesus, mais que os políticos ou os pecadores notórios de seus dias. A eles, o Senhor disse:

> Ai de vocês, mestres da lei e fariseus, hipócritas! Vocês fecham o Reino dos céus diante dos homens! Vocês mesmos não entram, nem deixam entrar aqueles que gostariam de fazê-lo. [...] Ai de vocês, mestres da lei e fariseus, hipócritas,

porque percorrem terra e mar para fazer um convertido e, quando conseguem, vocês o tornam duas vezes mais filho do inferno do que vocês. [...] Ai de vocês, mestres da lei e fariseus, hipócritas! Vocês são como sepulcros caiados: bonitos por fora, mas por dentro estão cheios de ossos e de todo tipo de imundície. Assim são vocês: por fora parecem justos ao povo, mas por dentro estão cheios de hipocrisia e maldade. [...] Serpentes! Raça de víboras! Como vocês escaparão da condenação ao inferno? (Mateus 23.13-33)

O problema não estava no ensino dos fariseus e mestres da lei, pois Cristo diz: "Obedeçam-lhes e façam tudo o que eles lhes dizem" (Mateus 23.3). O problema era que eles "não praticam o que pregam".

Não é possível ensinar, pregar, discipular nem ministrar na vida de qualquer pessoa se nosso coração está mergulhado em ofensa. É tempo de as deixarmos para trás, e então nos tornarmos efetivos na obra de Deus e no uso dos dons que Ele nos concedeu. Não precisamos de mais "mestres" de *internet* que ridicularizam a fraqueza do outro, que riem da vergonha alheia, assim como fez Cam em relação ao próprio pai – e, é importante lembrarmos que após isso ele foi amaldiçoado (Gênesis 9.20-27). Precisamos de homens e mulheres que se levantem como pais cuidadosos – "Déboras" e "Paulos" da atualidade (cf. Juízes 5.7; Gálatas 4.19) –, que estejam dispostos a pagar o preço de se envolver com o ferido no longo processo de restabelecimento. Pessoas que afofem a cama, limpem a ferida, troquem o curativo, preparem a canja e administrem o remédio. Creio que Deus quer levantar cuidadores na Igreja brasileira. Pais e mães espirituais que tenham o coração do Pai celestial, que pensem sobre o próximo aquilo que Deus pensa, que entendam que a Noiva de Cristo precisa ser adornada, mas também sarada.

Dentro disso, o que nos mantém vacinados contra os males dos últimos dias é a união com a Igreja: "Não deixemos de reunir-nos como igreja, segundo o costume de alguns, mas procuremos encorajar-nos uns aos outros, ainda mais quando vocês veem que se aproxima o Dia" (Hebreus 10.25). O antídoto contra o individualismo tóxico é seu oposto: a vida em comunidade, e não uma jornada solitária em busca de servir a Deus. É o mover do Espírito Santo pela comunidade que levará vida aos indivíduos.

Não há pregação e discipulado reais sem o Espírito Santo. Ele sempre nos levará de volta à glória de Cristo, à unidade com o Corpo e à valorização da comunidade, pois Ele é o vínculo que nos une. Onde não há o Espírito Santo de Deus, pode até haver palavras supostamente "proféticas", pregadores veementes, manifestações mirabolantes e quase pirotécnicas que parecem muito espirituais, mas que não produzem cura nem unidade da Igreja e claramente, menos ainda, transformação na sociedade.

O perigo da hipersensibilidade

O ambiente de ofensas muitas vezes gera na Igreja uma hipersensibilidade, que é tão prejudicial quanto a insensibilidade. Qualquer um dos extremos – a negação da dor ou a insensibilidade a ela – revela algum tipo de desequilíbrio.

Como exemplo, conheço uma garota que sofre com a hipersensibilidade causada por um desequilíbrio emocional. Quando a depressão a atinge em cheio, e ela não consegue mais suportar a dor de sua alma, confusamente crê que encontrará alívio em se automutilar.

A automutilação é uma prática vetada e abominada pelo Senhor. No Antigo Testamento, a automutilação era executada por pagãos, muitas vezes para expressar luto ou performar rituais religiosos (Levíticos 19.28; Deuteronômio 14.1-2). Essa prática é condenada por Deus porque o corpo humano pertence a Ele. Especialmente no caso de seus filhos, também é Seu santuário, habitação do Espírito (1 Coríntios 6.19). O que se espera do ser humano, como mordomo do corpo que Deus fez e lhe confiou, é que o alimente e dele cuide, "[...] como também Cristo faz com a igreja" (Efésios 5.29).

O cuidado de Jesus com Sua Noiva é o parâmetro para o cuidado pessoal com o corpo, e certamente para nosso cuidado em relação ao Corpo d'Ele.

Em nossos dias, temos visto o aumento considerável dos casos de pessoas sofrendo emocional e psicologicamente. Indivíduos de todas as idades, de todas as etnias, contextos sociais e religiosos têm sido vítimas de síndromes de depressão, pânico e ansiedade; bem como de transtornos de personalidade diversos. Se você já passou ou tem passado por situações como essas, de depressão e até automutilação, ou se conhece alguém que apresenta sintomas de desequilíbrio emocional que o levam a querer se mutilar ou atentar contra a própria vida, por favor, busque intervenção. Em nome de Jesus, não sofra sozinho. Procure um médico psiquiatra e um psicólogo para lhe darem amparo especializado. A mente, assim como o restante do corpo, pode adoecer por motivos diversos e requer ajuda médica. Psiquiatras e psicólogos são profissionais capacitados para lidar com esse tipo de enfermidade e, ao serem capacitados pela graça comum de Deus a todos os homens, podem ser instrumentos de cura e salvação em termos físicos. Não se sinta diminuído, envergonhado ou "menos espiritual" ao procurar por ajuda. Crentes também adoecem. Lembre-se de que Jesus disse que no mundo teríamos aflições, mas por causa de Sua vitória sobre todas as circunstâncias, podemos ter bom ânimo (João 16.33). Doenças físicas, mentais e emocionais fazem parte das aflições que qualquer ser humano – cristão ou não – podem sofrer. A vitória de Cristo sobre o mundo O leva à posição de senhorio sobre todas as coisas –

inclusive sobre a medicina – e poderá usar esses meios para trazer bom ânimo à Sua igreja.

Repito aqui: não sofra sozinho. Não se engane ao pensar que ninguém irá entender o que você está sentindo. Busque se abrir com irmãos de confiança e maturidade, que possam apoiá-lo em oração intercessória, para que você receba cura e livramento da parte do Senhor. "[...] A oração de um justo é poderosa e eficaz" (Tiago 5.16). Além de buscar ajuda de um profissional e encontrar um amigo de confiança, lembre-se também de renovar sua mente com a Palavra de Deus, que será sua principal arma contra os sentimentos negativos. Ela vai combater as mentiras que Satanás procura semear em seus pensamentos. A Palavra de Deus é como água, lavando e renovando nossa alma e mente. Anote as verdades e promessas do Senhor a seu respeito, traga essa lista sempre consigo, e repita esses versos em voz alta, para que você mesmo ouça. Pouco a pouco as mentiras do Inimigo serão arrancadas, sua fé será fortalecida e a cura virá do Senhor.

Às vezes, tenho a impressão de que o Corpo de Cristo também precisaria de uma intervenção desse tipo, pois parece sofrer de algum desajuste emocional. Não na Cabeça, mas nos membros porque, em alguns casos, o corpo atenta contra si mesmo, pois não suporta sua dor.

Diversas vezes acabamos por olhar para a dor que outros produziram em nós, para a enfermidade que alguns deles carregam, para as deficiências de outros e, em vez de sermos instrumentos de cura, tornamo-nos ferramentas de morte. Temos uma reação destrutiva para com os que estão enfermos e, assim, o Corpo é dilacerado.

Creio que temos testemunhado casos de automutilação do Corpo de Cristo no Brasil. Temos ferido a nós mesmos. Cristãos têm atacado outros irmãos – tanto da própria igreja como de outras comunidades – por meio de comentários maldosos, campanhas de difamação e boicotes. Alguns agem sob o pretexto (sincero ou não) de promover cura, mas o fazem sem amor ou empatia, como um enfermeiro bruto que aplica a injeção sem cuidado, até porque o braço não é dele. É verdade que existem falsos cristãos, que espalham heresias que precisam ser combatidas. Mas não é nossa função fazer acepção de pessoas, pois, disse Jesus, "ao tirar o joio, vocês poderiam arrancar com ele o trigo" (Mateus 13.29). Lembremo-nos da igreja de Éfeso, que era tão zelosa em relação aos falsos mestres e impostores que, numa provável cruzada pela pureza, perdeu o primeiro amor em um trecho dessa jornada (Apocalipse 2.1-5).

Infelizmente, existem aqueles que ferem o Corpo pelo simples prazer sádico de fazê-lo. Porém, ignoram o fato de que são membros deste mesmo Corpo, logo estão ferindo a si próprios.

A todos nós, que cremos em Jesus, nos falta certa dose de consciência de que se eu cortar um dos membros do Corpo, ele me fará falta. Ele, como um todo, ficará lesado por uma única iniciativa maléfica, e irá adoecer por minha falta de consciência.

Sem dúvidas, existem membros enfermos entre nós, feridos por situações externas ou portadores de alguma doença autoimune. A Bíblia pressupõe a existência de membros fragilizados no Corpo (Romanos 14.1; 15.1; 1 Coríntios 8.9-13; 1 Tessalonicenses 5.14). Por um lado, ela nos ensina que tais membros são igualmente necessários (1 Coríntios 12.22); por outro, diz que devemos tratá-los com paciência e amor. Devemos servir de "suporte", como uma tala, para o crescimento e restabelecimento uns dos outros: "Suportem-se uns aos outros e perdoem as queixas que tiverem uns contra os outros. Perdoem como o Senhor lhes perdoou" (Colossenses 3.13; veja também Efésios 4.2). A resposta à fragilidade nunca é a amputação ou a mutilação, mas o cuidado redobrado. Não faz sentido cortar um membro do meu corpo apenas porque ele está ferido. Não se amputa um elemento vivo porque ele não está em sua condição perfeita. Por mais que a dor seja aguda e por mais extensa que seja a ferida, ela precisa ser tratada.

Quando membros do corpo humano são removidos, começam a apodrecer. No Corpo de Cristo, de igual forma, há pessoas que são como membros amputados. Não foram tratadas no tempo certo, afastaram-se ou foram afastadas da comunhão, e estão apodrecendo por falta do fluir da vida de Deus em seu interior. É tempo para que as feridas do Corpo comecem a ser saradas. Tempo, também, de trazer à luz as chagas da Igreja brasileira, para que sejam sentidas por todos e tratadas por todos, a fim de que o Corpo seja curado. Não reconhecer e não tratar das próprias feridas coloca nossa Igreja sob a censura de Deus, como foi dito a Israel:

> Ah, nação pecadora, povo carregado de iniquidade! Raça de malfeitores, filhos dados à corrupção! Abandonaram o Senhor, desprezaram o Santo de Israel e o rejeitaram. Por que haveriam de continuar a ser castigados? Por que insistem na revolta? A cabeça toda está ferida, todo o coração está sofrendo. Da sola do pé ao alto da cabeça não há nada são; somente machucados, vergões e ferimentos abertos, que não foram limpos nem enfaixados nem tratados com azeite. (Isaías 1.4-6)

O Corpo de Cristo não pode se voltar contra si mesmo, afligir-se por causa da insatisfação ou decepção que o Corpo lhe causou. Quem age assim se esquece de que a Igreja só ficará perfeita quando o Noivo voltar. Quando apóstolo João foi apresentado à Noiva do Cordeiro, "[...] que descia dos céus, da parte de Deus." (Apocalipse 21.10), "[...] resplandecia com a glória de Deus, e o seu brilho era como o de uma joia muito preciosa [...]" (Apocalipse 21.11), ele estava tendo uma revelação dos tempos futuros, e não uma amostra do tempo presente. A Igreja de hoje, que é composta por você e por mim, ainda está em processo de construção. É como uma moça em seu dia da noiva. Ela anda de um lado para o outro de roupão e chinelo. Está com bobs para modelar o cabelo e com máscara de tratamento no rosto. Tem em vista o grande momento, e se prepara para isso, mas ainda não está em sua forma mais gloriosa, pelo contrário! Talvez ela passe a impressão de ser alguém desajustada, digna de dó ou descaso, mas essa não é a sua situação final. Não, a Noiva não é uma vítima. Ela é vitoriosa. Sabe qual foi seu preço e qual é seu destino. Por causa disso, suporta os sofrimentos e se envolve no processo de cura das chagas de seu corpo.

A visão de João sobre o dia das bodas do Cordeiro deve nos encher de alegria e expectativa. Isso porque a Igreja finalmente estará bela e perfeita, "gloriosa, sem mancha nem ruga ou coisa semelhante, mas santa e inculpável" (Efésios 5.27). Porém, é loucura esperar viver essa Igreja atualmente, até porque nenhum de seus membros se encontra nessas condições.

Cobrar a perfeição da Igreja é, essencialmente, esquecer-se da própria condição de pecador e imperfeito. Impor condições para se relacionar com a Igreja é julgar-se maior que Cristo, que se entregou por ela para santificá-la, e não porque ela já era santa. Em relação a isso, a Palavra nos ensina: "Seja a atitude de vocês a mesma de Cristo Jesus" (Filipenses 2.5).

A atitude de Jesus com relação à Sua Igreja não se resumiu a se entregar por ela somente para santificá--la, mas incluiu antever o que ela se tornaria, além de almejar por isso. Foi esse assunto que tratamos no primeiro capítulo. Enquanto Cristo trabalha em nossas limitações, ao mesmo tempo, Ele já nos vê perfeitos como um dia realmente seremos. É o Senhor quem nos conhece plenamente, tanto como indivíduos quanto como Igreja, assim como um dia iremos nos conhecer. Enquanto prepara Sua Amada, que está com o roupão e o chinelo, Ele já a vê gloriosa, como realmente será no dia das bodas.

Imagine como seria se olhássemos uns para os outros da mesma forma que o Senhor nos vê? Que palavras dirigiríamos ao próximo se, hoje, pudéssemos enxergá-lo na glória que terá com Cristo na eternidade? E se nos relacionássemos uns com os outros com a mesma certeza de Paulo, de que "[...] aquele que começou boa obra em vocês, vai completá-la até o dia de Cristo Jesus" (Filipenses 1.6)?

O que no Apocalipse é uma profecia já é realidade para Deus. Dessa forma, como seria se nós parássemos de olhar para nossa igreja local, para a Igreja brasileira, e para a Igreja de Cristo, e contemplássemos o que um dia seremos, mas não o que somos hoje?

Jesus ama profundamente Sua Igreja. Ela é Seu Corpo, Noiva, família e recompensa. Ele mesmo se empenha, se compromete e se encarrega de aperfeiçoá-

-la e deixá-la pronta para o grande dia. Por meio de Seu Espírito, Cristo executa o progressivo e delicado processo artesanal de nos moldar à Sua semelhança. Assim, quem se inclui no Corpo, mas despreza a Igreja, tem uma visão limitada sobre o próprio Senhor Jesus.

O caminho para a cura

O Salmo 32 é um grande exemplo de como podemos alcançar a cura espiritual. É um poema de Davi, o homem segundo o coração de Deus, dotado de profunda sensibilidade quanto ao que poderia ofender seu Senhor. Como todos nós, Davi também pecava, no entanto o que o diferenciava era sua atitude depois de ter caído, como pode ser vista neste salmo:

> Como é feliz aquele que tem suas transgressões perdoadas e seus pecados apagados! Como é feliz aquele a quem o Senhor não atribui culpa e em quem não há hipocrisia! Enquanto eu mantinha escondidos os meus pecados, o meu corpo definhava de tanto gemer. Pois dia e noite a tua mão pesava sobre mim; minhas forças foram-se esgotando como em tempo de seca. Então reconheci diante de ti o meu pecado e não encobri as minhas culpas. Eu disse: "Confessarei as minhas transgressões", ao Senhor, e tu perdoaste a culpa do meu pecado". (Salmos 32.1-5)

O caminho para a cura é a confissão. Se existem pecados, eles devem ser confessados. Se existem fraquezas, elas também devem ser confessadas, como fizeram os muitos doentes que Jesus curou: "[...] Mestre, quero ver!" (Marcos 10.51). Sem timidez, temos de pedir ao Senhor aquilo que desejamos ver operado em nós.

Como Corpo, precisamos confessar nossos pecados e fraquezas, para assim clamar por cura. Não falo da confissão pessoal – essa certamente deve acontecer – mas de confissão coletiva ou em nome do coletivo. É preciso se colocar na brecha entre Deus e o povo como fez o profeta Daniel.

Ora, o profeta era um homem justo diante de Deus e dos homens. Sua integridade era conhecida por todos, e reconhecida até pelos reis aos quais servira na Babilônia. Estando exilado, ele leu os escritos do profeta Jeremias e compreendeu que o povo passaria por setenta anos de exílio (Daniel 9.2). Por causa disso, ele se humilhou diante de Deus e intercedeu pela população de Israel.

No entanto, ele não orou como alguém "de fora". Daniel se inclui na oração de arrependimento por um povo idólatra, adúltero e traidor, que havia trocado o Senhor por outros deuses, que se prostituíra e contaminara sua terra. Daniel reconhece a si mesmo como parte deste povo. Ele poderia ter falado sobre todos: "Eles pecaram, eles se afastaram", mas disse "*Nós* pecamos":

> **Nós** temos cometido pecado e somos culpados. **Temos** sido ímpios e rebeldes, e **nos afastamos** dos teus mandamentos e das tuas leis. Não demos ouvido aos teus servos, os profetas, que falaram em teu nome aos nossos reis, aos nossos líderes e aos nossos antepassados, e a todo o teu povo. Senhor, tu és justo, e hoje **estamos envergonhados**. (Daniel 9.5-7a – grifo da autora)

Quantas vezes oramos assim por nossa igreja local, ou simplesmente pela própria Igreja de Cristo? Quantas vezes incluímos o pecado que parece ser alheio em nossa lista de confissões? Falta-nos a consciência e a identificação com o pecado do outro. Às vezes somos tão orgulhosos em nossos comentários em relação à Igreja, a irmãos de outras denominações, a líderes e pastores que nos esquecemos de que a ferida dos outros também é a nossa.

Creio que também falte a consciência de que nós somos a Igreja. Às vezes falamos dela e a difamamos como se não fizéssemos parte. Seus pecados são meus pecados porque somos membros uns dos outros. Suas lutas são minhas, assim como as feridas, o sofrimento e a fraqueza. Se a Igreja tem pecado contra o Senhor, eles também são meus, e preciso confessá-los.

Essa identificação não será possível enquanto sustentarmos a distância que mantemos em relação aos outros, a indisposição que temos uns dos outros: "Porque você não é batista, não gosto de você", "Porque você não é presbiteriano, não tem nada a ver comigo",

"Porque você não ora em línguas, não faz parte desse mover". Temos criado guetos dentro daquilo que deveria ser um Corpo só, um único organismo. No entanto, para que o mundo conheça Jesus, temos de ser um só, e não muitos e separados. Muitas igrejas, muitas denominações, muitos evangélicos, entre outros.

Temos de pedir perdão ao Senhor por, às vezes, agir como aqueles que bateram em Seu corpo pendurado na cruz. Cristo disse: "[...] Pai, perdoa-lhes, pois não sabem o que estão fazendo" (Lucas 23.34). Sim, nós também temos agredido e dilacerado o Corpo de Cristo. Como aqueles soldados, não sabemos o que fazemos. Causamos feridas por excesso de rigor e por falta de misericórdia, amor e conexão com o coração do Noivo.

Derrubando muros

Atitudes separatistas e de discórdia apontam para o pecado, elas são obras da carne (Gálatas 5.20). O pecado tem dividido a humanidade desde o começo, colocando mulher contra marido, irmão contra irmão, homens contra Deus. Ele tem levantado inúmeros muros de inimizade.

Esses muros que se estendem desde o princípio da História foram invadindo o próprio povo de Deus, e Seu templo em meio a Israel. Os judeus eram extremamente religiosos e nacionalistas. Por causa das experiências que tiveram no passado em relação à idolatria e à mistura com a cultura de outros povos, eles se tornaram endurecidos para com os gentios. Lemos que havia uma área reservada no templo aos gentios, ou seja, aqueles que não faziam parte da comunidade de Israel. Comentaristas apontam que essa área era cercada por um muro, que continha uma inscrição proibindo os gentios de atravessá-lo. Mesmo quando a obra de Cristo se consumou, e muitos foram alcançados e transformados pelo Evangelho, ainda foi com dificuldade que as Boas Novas saíram de Jerusalém rumo a Samaria e aos confins da Terra. Para que isso acontecesse, foi preciso que uma perseguição se levantasse sobre os primeiros cristãos, que fugiram para as regiões vizinhas e, então, testemunharam sobre Jesus (Atos 8.1), mas, em alguns casos, somente aos judeus. Quando, por fim, houve a aproximação com os gentios, e o Espírito veio também sobre eles, alguns judeus queriam que os gentios se adequassem à sua cultura, sendo circuncidados (Atos 15.1-5). Paulo e outros irmãos interferiram, entendendo que a verdadeira circuncisão acontece no coração, e não mais na carne, como uma prática cultural e, portanto, segregadora (Romanos 2.29).

Com isso, com a vinda de Cristo, um novo povo se forma. Os muros são derrubados.

> Pois ele é a nossa paz, o qual de ambos fez um e destruiu a barreira, o muro de inimizade, anulando em seu corpo a Lei

dos mandamentos expressa em ordenanças. O objetivo dele era criar em si mesmo, dos dois, um novo homem, fazendo a paz, e reconciliar com Deus os dois em um corpo, por meio da cruz, pela qual ele destruiu a inimizade. (Efésios 2.14-16)

A inimizade foi vencida e destruída na cruz de Cristo. Se confessamos a cruz, devemos rejeitar tudo aquilo que se opõe a ela e que, por meio dela, foi vencido.

Creio que o Espírito Santo de Deus está trabalhando para trazer a nós a consciência e revelação da unidade, tão necessárias nesta geração individualista em que vivemos. Certamente, a oração de Jesus será atendida pelo Pai e executada pelo Espírito: "para que eles sejam um, assim como nós somos um: eu neles e tu em mim" (João 17.22-23). Através da manifestação desta unidade, aqueles que não conhecem o Senhor recebem a revelação de que Jesus é o Filho de Deus, enviado para salvar o homem pecador (v. 21).

Falamos da oração de Daniel. Enquanto intercedia pelo povo, o anjo Gabriel veio ao seu encontro, trazendo uma resposta. O profeta recebeu entendimento sobre acontecimentos futuros, neste caso, sobre os últimos dias. A visão falava de sofrimento e destruição, que deu espaço a novas visões sobre como o Ungido de Deus, o Filho do Homem, aquele que derrotaria o mal e reinaria sobre a Terra. Cristo é revelado quando Sua multiforme graça é manifesta na unidade. Precisamos uns dos outros, para que a revelação de Jesus seja completa em nossa geração.

O propósito da glória de Jesus dada a nós como Seu Corpo, Sua Igreja, é o de nos fazer um só (João 17.22-26). O propósito desta unidade é revelar Jesus, o Filho de Deus, ao mundo. Jesus não morreu e ressuscitou para criar uma denominação. Hoje, somos muitas denominações, com ênfases e visões diferentes. Mas o sacrifício de Jesus produziu uma só Igreja, que é o Seu Corpo, Sua expressão na Terra. Através de sua glória em nós, os muros de separação são quebrados, e a vida de Deus flui no Corpo, fazendo dele um testemunho vivo de que Deus enviou Jesus. A multiforme graça de Deus se revela na pluralidade de Seu Corpo. Por isso, sabemos que unidade não é uniformidade. Somos diferentes e completamos uns aos outros com nossas diferenças. A glória de Jesus nos capacita a caminhar em unidade.

Capítulo 5
A vinda do Noivo

E se eu for e lhes preparar lugar, voltarei e os levarei para mim, para que vocês estejam onde eu estiver. (João 14.3)

Quando eu era criança, ouvir falar sobre a vinda de Cristo me fazia tremer — literalmente! Em casa havia um disco de vinil chamado "A última trombeta". Se tratava de uma história a respeito do arrebatamento e da grande tribulação para os que haviam ficado. O áudio começava com um forte som de trombetas. A partir disso, diversas cenas se desenrolavam: uma mãe gritava apavorada porque seu bebê havia desaparecido; outras pessoas corriam desesperadas à procura do cônjuge, de amigos e de gente que, inexplicavelmente, havia sumido.

Eu achava aquela narração aterrorizante! Minha mente infantil ficava apavorada só de pensar na possibilidade de, um dia, eu acordar e descobrir que minha mãe havia sido arrebatada. Lembro-me de, às vezes, dar-me conta de que ela não estava em casa, e, sem encontrá-la, concluía desesperada que Jesus tinha voltado e eu ficara. Quando minha mãe chegava da feira ou do mercado — claramente ela não havia sido arrebatada — me encontrava tremendo que nem vara verde no sofá da sala, mas, enfim, respirando aliviada por vê-la.

O medo em relação à vinda de Cristo era, em parte, coisa de criança. Mas por outro lado, revelava minha falta de intimidade com o Senhor e, também, do conhecimento de Sua Palavra. Na medida em que caminhamos com Jesus e conhecemos mais sobre Ele, aprendemos a amar Sua vinda e a ansiar ardentemente por este dia.

São muitas as discussões a respeito da volta do Senhor, e acredito que boa parte delas tem gerado mais calor do que luz. É realmente um assunto polêmico, com inúmeras interpretações que, em sua maioria, possuem respaldo bíblico. Minha intenção aqui não é analisá-las, muito menos fazer afirmações definitivas sobre este tema. Porém, é impossível falar do Noivo sem falar de Sua vinda, pois é em meio a revelações sobre este dia que a Igreja é apresentada como a Noiva do Cordeiro. Desta forma, gostaria de examinar alguns textos que tratam do retorno do Senhor sob a luz da relação de Cristo com Sua Amada. Não vou entrar em detalhes sobre as circunstâncias de Sua vinda e de Seu Reino eterno que não considero relevantes para este livro — estes detalhes ficam para outra ocasião!

A revelação

Depois que Jesus subiu aos céus, seus primeiros seguidores viviam na expectativa de que Ele voltaria a qualquer instante. Os tessalonicenses, por exemplo, acreditavam que o Senhor retornaria ainda naquela geração. Com isso, se entristeciam pelos que morriam, pensando que estes estariam privados do arrebatamento e da ressurreição (1 Tessalonicenses 4.13-17). Havia muita confusão entre aquele povo quanto a este assunto, pois alguns chegaram a concluir que não era mais preciso trabalhar, porque logo estariam no céu (2 Tessalonicenses 3.6-13). Em suas cartas, Paulo lhes deu explicações específicas sobre o contexto da vinda de Cristo, e os exortou para que não ouvissem às pessoas que diziam que o Dia do Senhor havia chegado (2 Tessalonicenses 2.1-3). Além disso, a expectativa do retorno do Senhor não deveria paralisar a vida da Igreja, mas, em vez disso, animá-la a ser produtiva em boas obras (2 Tessalonicenses 1.11-12).

Porém, muito tempo se passou e o Senhor não voltara; embora muitos eventos preditos por Jesus no Sermão do monte das Oliveiras (Mateus 24 e 25) já tivessem acontecido. A perseguição havia se alastrado pelo império romano; a cidade de Jerusalém havia sido destruída; os cristãos eram levados a julgamento e encarcerados; e os apóstolos estavam sendo martirizados. Apesar disso, Jesus ainda não havia voltado. Foi então que, em meio a esse cenário que parecia predizer o fim dos tempos, o próprio Cristo mandou uma carta à sua Igreja por intermédio do apóstolo João, o discípulo amado e o último dos doze que havia sobrevivido. Escrito por volta do ano 95 d.C., o livro de Apocalipse possuía, inicialmente, o propósito específico de consolar a Igreja do primeiro século, que experimentava grande oposição e talvez questionasse a certeza do retorno de seu Senhor. O próprio escritor do livro, João, encontrava-se desterrado por causa de seu amor a Jesus, o qual anunciava e também aguardava (Apocalipse 1.9).

A tradição cristã diz que, nos dias do imperador Domiciano, João foi jogado no óleo fervente para ser morto, mas milagrosamente saiu ileso. Assim, ele acabou sendo exilado na ilha de Patmos, cujo nome significa "meu destruidor". Imagine só: o lugar em que o discípulo foi colocado para que sua voz profética fosse calada e destruída definitivamente, tornou-se, para ele e para nós, o lugar da revelação do Jesus vitorioso em toda a sua glória! Isso é grandioso! Possivelmente, a última visão que João tivera de Jesus foi quando o viu sendo elevado ao céu em um corpo imortal e transformado. Mas João ainda não O tinha visto com a glória que o Pai lhe deu. A visão de Jesus glorioso e vitorioso — com olhos de fogo, rosto como o sol, vestes de sumo sacerdote, pés reluzentes e voz como de muitas águas — foi tão chocante para João que ele, diz o texto, "caiu aos seus pés como morto" (Apocalipse 1.17). Este era o discípulo que se reclinou ao lado de Jesus e, nesta posição, foi o primeiro a ouvir o que Cristo revelava (cf. João 21.20). No entanto, a visão do seu Mestre em glória causou-lhe tanta surpresa e espanto que seu corpo não suportou e desfaleceu.

Jesus não estava restrito à visão limitada que João possuía a Seu respeito. Ele era e é infinitamente mais do que nossa pequena mente é capaz de imaginar. Muitos ainda pensam em Jesus como um bebê deitado na manjedoura, como um homem escorraçado e moribundo na cruz, ou como alguém que parece distante e calado diante das injustiças que vemos no mundo. Certamente todos se surpreenderão quando O virem em toda a sua glória, voltando como Noivo, Juiz e Rei, vingando o sangue dos inocentes e extirpando toda a maldade da Terra! Ele não é infiel ou volúvel como os homens. Suas palavras já têm se cumprido e se cumprirão em sua totalidade.

Por isso, por meio das revelações que deu ao apóstolo, Cristo pôde assegurar Seus amados de que a vitória futura é certa, e Sua vinda, garantida. Ele afirma que não havia Se esquecido da Igreja, mas que voltaria por causa dela, pois desejava tê-la consigo.

O título deste livro em inglês me agrada muito: *Revelation* — "revelação". Este é o significado de *apokalypsis*, a palavra que abre o livro e de onde vem seu nome: "Revelação (*apokalypsis*) de Jesus Cristo, que Deus lhe deu para mostrar aos seus servos o que em breve há de acontecer [...]" (Apocalipse 1.1 – acréscimo da autora). Na Bíblia em português, o título do livro manteve sua língua original, em vez de ser traduzido de qualquer forma. Tendo isso, precisamos compreender que Apocalipse é onde Jesus se revela como o Senhor dos Senhores que, com toda glória e autoridade, venceu o mal, derrotou Satanás, destruiu a morte e extirpou toda maldade que contamina Sua criação. Por fim, Ele e Sua Igreja reinarão eternamente sobre todas as coisas criadas.

Entretanto, talvez tenhamos perdido de vista este objetivo do livro de Apocalipse, que também é um consolo para nós, como foi para os primeiros irmãos. Gastamos mais energia e neurônios tentando decifrar os muitos símbolos e figuras que enchem suas páginas. O mundo, por meio da indústria do entretenimento, tem vendido a imagem distorcida de que este livro é a respeito do "fim do mundo", o que se trata de um grande engano, pois ele fala do começo de uma nova Terra (21.2). Na Igreja, por outro lado, muitos o veem como um livro enigmático e até assustador. Quem o lê com esse espírito acaba com o coração cheio de ansiedade e inquietação e, às vezes, até de desavenças em relações aos que o interpretam de modo diferente. E sim, existem diferentes interpretações! No entanto, a revelação de Jesus não é um quebra-cabeça que precisamos resolver. Assim como as profecias do Antigo Testamento a respeito do Ungido do Senhor visavam consolar e animar Israel, as profecias do Apocalipse trazem bênçãos para seus leitores (1.3), enchendo-os de esperança diante das certezas para as quais este livro aponta.

Assim, o objetivo de Apocalipse, desde o princípio, não é o de confundir e assustar, mas de animar a Igreja de Cristo diante da mensagem de que seu Senhor voltará para levá-la consigo. Uma das primeiras coisas que Jesus disse a João, quando apareceu trazendo-lhe esta revelação, foi: "Não tenha medo" (Apocalipse 1.17). A revelação não tem o propósito de trazer medo, mas alívio e consolo. Cristo vencerá toda oposição que se levantar contra a Sua igreja, e retribuirá "[...] com tribulação aos que lhes causam tribulação, e dar alívio a vocês, que estão sendo atribulados, e a nós também. Isso acontecerá quando o Senhor Jesus for revelado lá dos céus, com os seus anjos poderosos, em meio a chamas flamejantes" (2 Tessalonicenses 1.6-7).

A sala do trono

Depois da introdução do primeiro capítulo de Apocalipse, segue-se uma seção com as cartas às sete igrejas da Ásia Menor (capítulos 2 e 3), nas quais o Senhor Jesus se dirige pessoalmente a determinadas congregações e faz elogios, admoestações e até censuras quanto à sua espiritualidade.

Esta seção mostra que Apocalipse é um livro escrito para a Igreja. Não é relacionado a um tratado acadêmico sobre o fim, um capítulo de Escatologia dentro da Teologia cristã; tampouco possui apenas o propósito de advertir aqueles que se opõem a Cristo para que se arrependam. Sua revelação carinhosa e poderosa é uma carta de amor e esperança de Cristo Jesus à Sua Noiva, a fim de prepará-la para Sua vinda.

Depois de redigir as cartas, João é convidado a subir a um lugar mais alto: "Depois destas coisas, olhei, e eis não somente uma porta aberta no céu, como também a primeira voz que ouvi, como de trombeta ao falar comigo, dizendo: Sobe para aqui, e te mostrarei o que deve acontecer depois destas coisas" (Apocalipse 4.1 – ARA). Ele vê a porta do Céu aberta e recebe o convite do Senhor para subir e ver, de uma posição privilegiada, as coisas que acontecerão.

O apóstolo se encontra, então, na sala do trono de Deus: "Imediatamente me vi tomado pelo Espírito, e diante de mim estava um trono no céu e nele estava assentado alguém" (v. 2). Essa cena se assemelha bastante à profecia de Isaías a respeito da soberania do Senhor:

> Ele se assenta no seu trono, acima da cúpula da terra, cujos habitantes são pequenos como gafanhotos. Ele estende os céus como um forro e os arma como uma tenda para neles habitar. Ele aniquila os príncipes e reduz a nada os juízes deste mundo. (Isaías 40.22-23)

Antes que o Espírito revelasse a João todas as coisas que haveriam de vir — o julgamento de Deus derramado sobre a Terra e os sofrimentos da grande tribulação — Ele o leva a vislumbrar a eterna glória divina. Antes de assistir ao caos, João é chamado a contemplar a glória. Nesse lugar mais alto, o apóstolo vê a beleza do poder e da grandeza do Todo-Poderoso, para que, então, enxergasse todo o sofrimento e tribulação que se seguiriam não a partir da sua perspectiva humana — pequena, limitada e sofredora — mas dos olhos do próprio Deus. Creio que o Senhor, da mesma forma, tem convidado a Igreja para subir a este lugar mais alto a fim de lhe revelar Sua majestade, poder e autoridade; da mesma forma que Jesus convidou seus discípulos mais chegados a vê-lo em resplendor no monte da transfiguração (Lucas 9.28-32). A visão da glória é necessária para que os amados de Deus não coloquem os olhos sobre a confusão que se desenrolará. De acordo com o texto de Hebreus 12.26-27, as coisas abaladas serão removidas "de forma que permaneça o que não pode ser abalado". Céus e Terra serão abalados ao som da palavra do Senhor, mas Ele quer que a Igreja veja todos estes acontecimentos a partir do ponto de vista do trono de Deus, que rege todas as coisas.

Cristo está chamando a Igreja para que, a partir de Sua Palavra e da comunhão com Ele, entenda para onde está indo e o que está para acontecer. Ele não quer que entremos em pânico juntamente com os que não possuem direção e se perdem, mas que sejamos embaixadores da esperança quando ninguém tem mais expectativas.

O Senhor assentado sobre o trono é absolutamente glorioso! Com a aparência de pedras preciosas (Apocalipse 4.3-4), Ele manifesta Sua eternidade, santidade, perfeição e misericórdia. Ao redor do trono, um arco-íris (v. 4) demonstra a aliança e bondade de Deus para com a humanidade. Relâmpagos, trovões e vozes anunciam o poder, mistério e a majestade do grande Rei. Seu Espírito, representado pelas sete lâmpadas de fogo (v. 5), arde em total sabedoria, conhecimento, propósito, força e poder, produzindo revelação e temor. Um mar, como de vidro, está diante do trono e revela a obra completa e ininterrupta do Espírito Santo (v. 6). Vinte e quatro anciãos se assentam em tronos, e lançam suas coroas em adoração perpétua ao Senhor, diante da proclamação constante dos quatro seres viventes: "Santo, santo, santo é o Senhor, o Deus Todo Poderoso, que era, que é e que há de vir" (v. 8). Toda a criação, visível e invisível, oferece incessante adoração ao Deus soberano. Os seres viventes manifestam aquilo que lhes é revelado e, como um copo transbordante que não para de receber mais água, não conseguem ficar calados. Precisam manifestar uns aos outros a absoluta santidade e beleza do Senhor.

Que cena maravilhosa e arrebatadora!

A visão do Cordeiro

Eis que, no capítulo 5, surge um livro, escrito por dentro e por fora, selado e lacrado. Ele está nas mãos do Altíssimo, e é como uma escritura de posse de todo o universo, de toda a humanidade. Este livro funciona como um gatilho que aciona os acontecimentos que levam ao fim dos séculos e à chegada do Reino eterno de Deus. O fato de estar fechado significa que não pode ser aberto e lido por qualquer pessoa, mas somente por quem é merecedor de fazê-lo (veja Isaías 29.11-12). Desta forma, quem abrir o livro selado não apenas será capaz de ler seu conteúdo como se tornará possuidor de todas as coisas, pois "Do Senhor é a terra e tudo o que nela existe, o mundo e os que nele vivem" (Salmos 24.1).

Neste momento, João se comove e chora copiosamente, porque ninguém nos Céus ou na Terra foi digno de abrir o livro e seus selos, nem sequer de olhar para ele. O apóstolo não chora simplesmente pelo conteúdo que está dentro do livro, mas porque ele significa um título de autoridade sobre todas as coisas. Quem seria capacitado, sábio, e justo o bastante para administrar todas as coisas criadas? Ninguém era suficiente: governantes humanos, anjos ou potestades espirituais. Nenhum deles jamais seria capaz de reinar sabiamente sobre tudo. Quem teria o poder para desfazer o caos que se formou na humanidade? Quem administraria com perfeição as riquezas das nações, de forma que não houvesse mais fome, nem injustiça, violência ou opressão? Quem poderia refazer a harmonia perdida no Éden? Quem ousaria tomar o livro das mãos do Deus santo e altíssimo? Ninguém foi encontrado digno. Por isso, João se desespera. Mas a voz de um dos anciãos é ouvida: "[...] Não chore! Eis que o Leão da tribo de Judá, a Raiz de Davi, venceu para abrir o livro e os seus sete selos" (Apocalipse 5.5).

Esperamos que João levante os olhos e veja um ser poderoso, um leão gigantesco e belo, assim como Aslan, de *As Crônicas de Nárnia*[1]. Mas o que ele vê é um Cordeiro.

A figura do cordeiro na Bíblia é muito especial e cheia de significados. Ela está atrelada à libertação e vitória. Quando o Anjo do Senhor passeia pelo Egito na noite de Páscoa, por conta do sangue do cordeiro que fora estampado na porta das casas, naquele lar não haveria morte (Êxodo 12.21-23). A cada ano, na celebração da Páscoa, os israelitas comemoravam a saída do Egito e o fim da escravidão sacrificando e comendo um cordeiro em família (Números 9.10-12). A Páscoa também era uma celebração de vitória, pois, ao saírem do Egito, o povo de Deus "despojou" os egípcios, pedindo-lhes tudo quanto quiseram, como símbolo de sua vitória (Êxodo 3.22; 12.36). Despojos são os tesouros que um exército vencedor toma do inimigo abatido.

---

[1] LEWIS, C. S. **As Crônicas de Nárnia**. Santos: WMF Martins Fontes, 2009.

Mais tarde, no deserto, quando recebeu a proteção dos mandamentos de Deus, Israel é ensinado a se purificar periodicamente, confessando seus pecados e oferecendo sacrifícios. Há rituais diferentes de purificação, mas o cordeiro é um dos animais solicitados para o sacrifício. Pelo seu sangue havia libertação do pecado (Hebreus 9.22), e estar purificado dos pecados era o ambiente necessário para que o triunfo de Deus se manifestasse (cf. Josué 3.5).

O cordeiro, no entanto, nunca vence nem é liberto. Ele sempre morre. Seu sacrifício é necessário para que outros sejam livres e vencedores. Deste modo, quando João vê o Cordeiro, a primeira característica que lhe salta aos olhos é como ele "parecia ter estado morto" (Apocalipse 5.6). Provavelmente carregava cicatrizes de golpes letais — as marcas de Sua morte. Ao longo de Apocalipse, a morte e o sangue deste Cordeiro são mencionados. Porém, isto está longe de ser um canto fúnebre! Diferentemente de tantos cordeiros sacrificados em favor do povo de Deus, este encontra-se em pé (v. 6). Ele está vivo, portanto, vencera a morte. Assim, por causa do sacrifício, torna-Se digno de tomar o livro e romper o lacre (v. 9; veja também Filipenses 2.7-11), e sua vitória faz d'Ele o Leão de Judá (cf. Gênesis 49.9-10).

O Cordeiro aparece muitas outras vezes ao longo do Apocalipse e, em algumas situações, é rodeado por multidões que celebram sua vitória. O ápice da festa acontece numa bela cerimônia de casamento:

Regozijemo-nos! Vamos alegrar-nos e dar-lhe glória! Pois chegou a hora do casamento do Cordeiro, e a sua noiva já se aprontou. Para vestir-se, foi-lhe dado linho fino, brilhante e puro. O linho fino são os atos justos dos santos. E o anjo me disse: "Escreva: Felizes os convidados para o banquete do casamento do Cordeiro!" E acrescentou: "Estas são as palavras verdadeiras de Deus. (Apocalipse 19.7-9)

Neste contexto de celebração da vitória do Cordeiro, João é informado de que Ele possui uma Noiva. A hora do casamento chegou, e ela está pronta.

Desta forma, sabemos que ser Noiva de um Cordeiro vencedor implica em parceria e comunhão. No Brasil, quando as pessoas se casam, elas optam por um tipo de regime de bens. Ele define, diante da lei, a quem pertence a posse dos bens do casal, tanto dos que foram obtidos antes como dos que vieram depois da união. No casamento do Cordeiro, porém, só há um regime: a comunhão universal. Tudo o que pertence a Ele é compartilhado com Sua Noiva. Sua vitória é dela, Seu Reino é dela e Sua glória é dela. Ser Noiva do Cordeiro implica em tornar-se receptora e parceira de tudo quanto o Cordeiro conquistou, por meio de Sua luta, morte e ressurreição.

Que amor impressionante! Cristo morreu e venceu a morte por amor à Sua Noiva, Sua Igreja. Ele deseja tê-la consigo por toda a eternidade, e compartilhar com ela todas as coisas.

O canto nupcial

Assim como as cerimônias de casamento da atualidade são acompanhadas de música, da mesma forma eram as núpcias na cultura judaica. E o casamento do Cordeiro também tem seu cântico! Ele foi composto milênios antes da festa, e está registrado em Salmos 45.

O título deste salmo e o primeiro verso nos contam que se trata de um canto nupcial para um rei ou membro da família real. Os adjetivos que o poeta usa para falar do noivo podem parecer um pouco exagerados, embora elogios grandiosos façam parte das canções de casamento até os dias de hoje. Mas toda vez que a Palavra de Deus qualifica uma pessoa com palavras que parecem grandes demais para ela, isso nos serve como pista de que o sentido pleno do texto não se restringe à situação da qual ele está tratando. O mesmo acontece neste salmo. Se fosse apenas um poema de casamento para um rei qualquer, qual seria o propósito de registrá-lo em meio a outros salmos? Provavelmente havia tantas outras canções de casamento que, certamente, poderiam ter sido inseridas naquela ocasião. Mas, o que torna esta música especial é que se trata de um salmo messiânico, ou seja, seu sentido completo aponta para Cristo. Ainda que ele tenha sido escrito para celebrar um casamento nobre no reino de Israel, o texto aponta para o casamento final, entre Cristo e Sua Noiva. É maravilhoso perceber como o Espírito Santo conduziu os autores de cada porção de Sua Palavra, de modo que tudo o que está registrado nas Escrituras — salmo, narrativa ou profecia — aponte unicamente para Jesus e tenha seu cumprimento pleno n'Ele (cf. Lucas 24.27).

Tudo o que se diz a respeito do noivo de salmo 45 é verdadeiro a respeito de Jesus. Ele se destaca entre todos os homens, e seu falar é cheio de graça (v. 2; Lucas 4.22; Apocalipse 1.5). É um noivo guerreiro, pois traz consigo a espada (v. 3; Apocalipse 1.16; 19.15); e é um cavaleiro majestoso e justo (vs. 3 e 7; Apocalipse 19.11). Também é vencedor, de modo que sob seus pés estão as nações da Terra e todos os seus inimigos (v. 5; 1 Coríntios 15.25; Hebreus 2.8). Seu reinado é eterno (vs. 2 e 6; Apocalipse 11.15), visto que é o ungido de Deus (v. 7 Atos 4.26). Pessoas nobres e valorosas compõem seu séquito e lhe trazem presentes (v. 9 e 12; Apocalipse 21.24). Você pode perceber que muitas das referências de Salmos apontam para o Apocalipse, quando o Cordeiro é revelado como Noivo.

O salmista, então, dirige-se à noiva, que está finamente adornada com ouro e vestes bordadas (vs. 9, 13, 14). No entanto, não é o vestido de casamento que a torna atraente, mas sua beleza inata: "O rei foi cativado pela sua beleza" (v. 11). A Noiva do Cordeiro, da mesma forma, surgirá ricamente enfeitada para as núpcias, como logo veremos. Porém, conforme tratado anteriormente, o amor de Cristo por ela não está condicionado à sua forma futura. Jesus nos ama de maneira eterna e incondicional:

> [...] Eu a amei com amor eterno; com amor leal a atrai. Eu a edificarei mais uma vez, ó virgem, Israel! Você será reconstruída! Mais uma vez você se enfeitará com guizos e sairá dançando com os que se alegram. (Jeremias 31.3-4)

Este "amor leal" do Senhor por Seu povo, está registrado no texto acima, em hebraico, com a palavra *hesed*. Esse termo se aproxima muito do amor ágape que exploramos no início do livro. Para ilustrar melhor essa ideia, quero trazer o seguinte trecho:

> Ele combina compromisso com sacrifício. *Hesed* é amor unidirecional. Amor sem estratégia de fuga. Quando ama com amor *hesed*, você se prende ao objeto de seu amor, não importa como ele responda... Se tem uma discussão com seu cônjuge, em que você é ofendido ou não foi ouvido, você se recusa a retaliar por meio do silêncio ou pela retenção de seu afeto. Sua resposta à outra pessoa é inteiramente independente de como aquela pessoa o tratou. *Hesed* é um amor obstinado.[2]

Quando fui trabalhar com o Gustavo, nós éramos melhores amigos. Ele me contratou para secretariá--lo, organizando a bagunça que reinava no escritório dele. Gustavo sempre me tratou com muito respeito e carinho; nunca havíamos flertado, nossa relação era

---

[2] MILLER, Paul E. **A Loving Life**. *In*: NETO, Emilio Garofalo. *As Boas Novas em Rute*: redenção nos campos do Senhor. Brasília: Monergismo, 2018, p. 57.

baseada em amizade e coleguismo, por conta disso, não entendi nada quando, um dia, ele virou para mim e de repente me perguntou: "Casa comigo?". Era inegável que alguma coisa em mim, em quem eu era, o atraiu. Assim, meses depois estávamos casados. Posso afirmar que os sentimentos do Gustavo por mim não estavam relacionados a quem eu poderia me tornar, mas em quem eu já era. Ele me amava independentemente de como eu estaria vinte anos depois, e de como estarei nos próximo vinte! Isso é amor *hesed*, um amor comprometido, leal e espontâneo.

O amor de Cristo pela Noiva é do tipo *hesed*. Ele a ama sempre, e do mesmo modo. Não a amará mais por vê-la adornada para o dia do casamento; tampouco a ama menos quando a encontra enferma e ferida como resultado de suas próprias más escolhas.

A Noiva de Cristo está sendo edificada pelo próprio Deus com base no amor leal — *hesed* — e sacrificial — *ágape*. O casamento irá acontecer porque o Senhor está cuidando dos detalhes para que isso aconteça! Ele nos conduz a Si mesmo em lealdade e sacrifício. A oração de Cristo — "Pai, quero que os que me deste estejam comigo onde eu estou [...]" (João 17.24) — será respondida!

A ação do Filho

Você deve se lembrar do contexto do casamento judaico, que é o pano de fundo sobre o qual a Bíblia fala do casamento do Cordeiro. Depois de ter firmado o noivado, o noivo voltava para a casa do pai, onde arrumaria os aposentos nos quais receberia sua futura esposa e viveria com ela. Não havia convite de casamento, nem hora marcada. Tudo dependia do trabalho incansável do noivo. Quando tudo estivesse pronto, ele iria buscá-la para recebê-la como sua mulher, e a cerimônia aconteceria.

De modo similar, o Deus Filho foi preparar lugar para nos receber como Noiva por ocasião de Sua vinda (João 14.2). Mas que preparo é esse?

Você já parou para pensar no que Jesus está fazendo agora? Onde Ele está? Possivelmente alguns dirão que Ele está aqui, conosco. Porém, quando pensamos assim, estamos nos esquecendo do fato importantíssimo de que Jesus é o Deus encarnado. Isso quer dizer que se estivesse aqui conosco, nós O veríamos, pois Ele possui um corpo físico como o nosso, porém já glorificado e livre da degradação causada pelo pecado.

Sem dúvida não estamos sozinhos, mas quem está conosco é o Espírito de Deus (Tiago 4.5), que foi enviado por Jesus. Talvez essa diferenciação pareça preciosismo; afinal, Pai, Filho e Espírito são o Deus em que cremos. Mas acredito que compreender essa distinção é importante porque, em primeiro lugar, ela nos é apresentada pela Palavra de Deus e, em segundo lugar, a presença do Filho do Homem no Céu é fundamental para nossa fé e esperança.

Quando subiu aos Céus após sua ressurreição, o Senhor Jesus assentou-se à direita do Pai. É lá onde Ele se encontra agora, fisicamente. Isso é importante porque é nesta posição, à destra de Deus Pai, que o Filho age como nosso intercessor e mediador (cf. Romanos 8.34; 10.31; 1 Timóteo 2.5; 1 João 2.1). A dívida foi consumada na cruz (João 19.30); mas a possibilidade de orarmos e sermos ouvidos e perdoados está ligada ao posicionamento de Jesus ao lado do Pai (Atos 5.31).

Além disso, apenas depois de ter sido exaltado à mais alta posição é que o Noivo pôde enviar o Espírito Santo à Sua Amada, o seu presente de casamento: "Exaltado à direita de Deus, ele recebeu do Pai o Espírito Santo prometido e derramou o que vocês agora veem e ouvem" (Atos 2.33).

O preparo da Noiva para o grande dia começou, então, com a vitória do Noivo sobre a morte e Sua ida para junto do Pai. E Ele, por meio do Espírito que nos deixou, continua a agir nesta Terra, operando em sua Igreja com o propósito de "apresentá-la a si mesmo como igreja gloriosa, sem mancha nem ruga ou coisa semelhante, mas santa e inculpável" (Efésios 5.27).

Quando se assentou em corpo nas regiões celestiais, Jesus, além de nos dar o Espírito Santo, recebeu a autoridade sobre todas as coisas (Efésios 1.20-22). Deste modo, o reinado eterno de Cristo não começará com Sua vinda. Ele já começou. Jesus, o Deus-Homem, já governa sobre todas as coisas, ainda que algumas delas (incluindo pessoas) se rebelem contra Sua autoridade e se recusem a se sujeitar (cf. Salmos 2; 1 Coríntios 15.25-27).

Tendo sido feito Rei sobre todas as coisas, tanto as que estão no Céu como as que estão na terra, Jesus Cristo pôde dar início aos preparativos para receber Sua Noiva, que também reinará ao Seu lado sobre todas as coisas. Porém, assim como Ele está em Espírito com Sua Noiva na Terra, ela está em espírito com Ele no Céu:

> Deus nos ressuscitou com Cristo e **com ele nos fez assentar nas regiões celestiais em Cristo Jesus**, para mostrar, nas eras que hão de vir, a incomparável riqueza de sua graça, demonstrada em sua bondade para conosco em Cristo Jesus. (Efésios 2.6-7 – grifo da autora)

Pela fé em Jesus, Sua Noiva está espiritualmente assentada com Ele à direita do Pai, nas regiões celestiais. Deste modo, a oração do Filho, antes de sua morte, é parcialmente atendida: "Pai, quero que os que me deste estejam comigo onde eu estou [...]" (João 17.24). É por isso que devemos buscar em primeiro lugar o Reino de Deus e a sua justiça (Mateus 6.33); e manter o pensamento nas coisas do alto (Colossenses 3.1-4). Espiritualmente falando, o Céu é nossa casa. Estamos de mudança.

Deste modo, tudo se encaminha para que essa permanência com o Senhor Jesus não seja somente espiritual, mas integral. Que estejamos **fisicamente** onde Ele está, como pediu ao Pai. Isso acontecerá quando, ressuscitados, formos reunidos com Cristo e habitarmos, com um novo corpo, na nova Terra que Ele tem preparado para os que O aguardam e amam Sua vinda.

A ação do Pai

Quando isso acontecerá?

> Quanto ao dia e à hora ninguém sabe, nem os anjos dos céus, nem o Filho, senão somente o Pai. (Mateus 24.36)

> [...] Não compete a vocês saber os tempos ou as datas que o Pai estabeleceu pela sua própria autoridade. (Atos 1.7)

O tempo da vinda do Noivo é desconhecido até para Ele. Apenas o Pai sabe a hora certa. Isso revela que o Filho, assim como a Noiva, também é dependente do Senhor e está submisso à sua vontade. Mais uma vez fica estampado o amor de Cristo por nós. Ele não apenas abandonou o Céu em nosso favor, como também abriu mão de algumas prerrogativas que possuía como Deus, pois, "embora sendo Deus, não considerou que o ser igual a Deus era algo a que devia apegar-se" (Filipenses 2.6). Cristo se desapegou de aspectos da divindade, e, ainda que seja Deus, se restringe a fazer e saber somente o que o Pai lhe revela (João 5.19).[3]

Desta forma, enquanto o Noivo prepara o lugar para a Noiva, Seu Pai cuida do tempo em que o casamento acontecerá. Além disso, também prepara a Amada para Seu Filho.

Deus tem aprontado noivas desde o início dos tempos. Eva foi a primeira noiva que veio das mãos do Senhor, a qual adornou com idoneidade: "Disse mais o Senhor Deus: Não é bom que o homem esteja só; far-lhe-ei uma auxiliadora que lhe seja idônea" (Gênesis 2.18 – ARA). O sentido da palavra "idônea" é "apta, adequada, correspondente". O Criador deu a Adão um ser que o correspondesse em sua humanidade, em suas capacidades e afetos. Alguém com tal compatibilidade que, quando se unisse a ele, ambos pudessem se tornar um só.

Eva foi formada a partir de Adão, retirada de seu próprio corpo. A maioria das traduções das Escrituras falam em "costela", mas a palavra em hebraico também pode ser traduzida por "lado": "Então, *Yahweh* Deus fez Adão cair em profundo sono e, enquanto este dormia, retirou-lhe parte de um dos lados do corpo e uma costela, e fechou o lugar com carne" (Gênesis 2.21 – KJA).

---

[3] CARSON, Donald. **The Oliver Discourse** — part 4. Disponível em *resources.thegospelcoalition.org/library/the-olivet-discourse-matthew-24-25-part-4*. Acesso em 10 de outubro de 2019.

Lado ou costela? Felizmente, não precisamos escolher, podemos ficar com as duas opções, pois ambas têm implicações lindíssimas. Ter sido extraída da costela do homem indica a sensibilidade e fragilidade da mulher (cf. 1 Pedro 3.7), e também a proximidade e intimidade que é possível obter somente no casamento. Ser formada a partir do lado do homem indica sua complementaridade, sua idoneidade. São seres iguais em valor, companheiros na vida, e caminham lado a lado, em vez de um atrás do outro.

Foi também do lado de Cristo que Sua Igreja foi formada. Enquanto Ele sofria por ela na cruz, um dos soldados perfurou seu **lado** com uma lança, e dali jorrou sangue e água (João 19.34). Embora água e sangue fossem elementos que realmente saíram do corpo moído de Cristo, uma comprovação de que Ele havia morrido em extenuante sofrimento, eles também são símbolos que marcam o nascimento da Igreja, a criação da Noiva. Pelo sangue, ela obteve perdão dos pecados e acesso a um novo caminho até Deus (Hebreus 9.12; 10.19). E pela água do batismo, nasce na família do Senhor (João 3.5; Romanos 6.4).[4]

O Pai produziu a noiva de Adão a partir do seu sono, e a Noiva de Cristo a partir do Seu sofrimento. Do mesmo modo que conduziu Eva ao homem, Ele

---

[4] **Meyer's NT Commentary**. Comentário em João 19.34. Disponível em *biblehub.com/commentaries/meyer/john/19.htm*. Acesso em outubro de 2019.

conduzirá a Igreja ao encontro do Senhor Jesus: "Vi a Cidade Santa, a nova Jerusalém, que descia dos céus, da parte de Deus, preparada como uma noiva adornada para o seu marido" (Apocalipse 21.2). Jerusalém, o símbolo do povo de Deus, vem da parte de Deus, tendo sido por Ele preparada e adornada para se encontrar com Seu marido, Jesus.

A ação do Espírito

A atuação da Trindade sobre a Igreja, preparando-a para a volta do Senhor, efetiva-se com o ministério do Espírito. Como a vinda de Cristo marcou a chegada do Reino, a descida do Espírito Santo marca o fim dos tempos.

A ação do Filho e do Espírito estão debaixo da autoridade do Pai, que designa o tempo e a época de todas as coisas acontecerem. A vinda de Cristo como homem foi grandemente anunciada no Antigo Testamento, e estava marcada para o momento chamado de "plenitude dos tempos" (Gálatas 4.4), o ponto central da história em que o Céu invadiria a Terra e o Reino de Deus seria trazido aos homens, ainda que na forma de uma semente (Marcos 1.14-15; 4.30-33).

O derramamento do Espírito Santo foi igualmente prometido por meio dos antigos profetas, e se realizou também no momento exato, definido pelo Pai, dando início aos preparativos para o Dia do Senhor:

E, depois disso, derramarei do meu Espírito sobre todos os povos. Os seus filhos e as suas filhas profetizarão, os velhos terão sonhos, os jovens terão visões. Até sobre os servos e as servas derramarei do meu Espírito naqueles dias. Mostrarei maravilhas no céu e na terra: sangue, fogo e nuvens de fumaça. O sol se tornará em trevas, e a lua em sangue, antes que venha o grande e temível dia do Senhor. (Joel 2.28-31)

A vinda do Espírito inaugura o tempo do fim, como se houvesse acionado um timer escatológico. Isso fica claro na frase do apóstolo Pedro, que compreendeu e explicou que a visitação do Espírito no Pentecostes era o cumprimento da promessa de Joel (Atos 2.16-21). Ao citar a profecia referida acima, o apóstolo enfatiza que o fim já estava começando: "Nos **últimos dias**, diz Deus, derramarei do meu Espírito sobre todos os povos" (Atos 2.17 – grifo da autora).

A descida do Espírito sobre pessoas de diferentes faixas etárias, gêneros e nacionalidades, primeiro sobre os judeus, mas, depois, sobre todos os povos da Terra, marca uma nova época no relacionamento de Deus com a humanidade. No princípio, Ele habitou entre os homens por meio de construções; primeiro o tabernáculo e, posteriormente, o templo. Mais tarde, Ele nos acessou por meio do Filho encarnado, o Emanuel, Deus conosco. A partir da vinda do Espírito, Deus se relaciona com a humanidade através de pessoas, a Sua Igreja, pois habita em Seus filhos. Chegará, por fim, o dia em que todos estarão plenamente em Deus, e Ele será tudo em todos (1 Coríntios 15.28).

O Espírito Santo está preparando a Noiva para esse dia de triunfo e plenitude. Acredito que isso acontece primeiramente com o ministério do Espírito aos corações humanos, convencendo-os do pecado, da justiça e do juízo (João 16.8), e dando-lhes vida segundo a vontade do Pai (João 6.63-65). Aqueles que estavam mortos em seus delitos e pecados são trazidos de volta à vida e à comunhão com o Pai por meio do agir do Santo Espírito de Deus. À medida que os corações são individualmente tocados, Ele agrega pessoas ao Corpo, e, desta forma, a Noiva é formada e edificada (cf. Atos 9.31; Efésios 2.22).

Esses indivíduos tocados pelo Espírito crescem, então, na semelhança com o caráter de Cristo, produzindo em sua vida o fruto espiritual: "amor, alegria, paz, paciência, amabilidade, bondade, fidelidade, mansidão e domínio próprio" (Gálatas 5.22-23). Essas qualidades, brotando em nosso coração, nos aperfeiçoam como cristãos, mas também como Igreja, criando um ambiente de pureza e santidade no qual o Senhor pode agir e operar maravilhas.

Os dons espirituais também são entregues à Noiva pelo Espírito Santo. São virtudes do próprio Cristo, as quais Ele compartilha com Sua Amada para que "o corpo de Cristo seja edificado, até que todos alcancemos a unidade da fé e do conhecimento do

Filho de Deus, e cheguemos à maturidade, atingindo a medida da plenitude de Cristo" (Efésios 4.12-13). Os dons, distribuídos pelo Espírito segundo Sua vontade (1 Coríntios 12.11), têm o propósito de edificar a comunidade, e não de exaltar indivíduos. Eles são concedidos segundo as necessidades do povo de Deus. Paulo nos ensina a buscar os melhores dons para que a Igreja seja edificada (cf. 1 Coríntios 12.7, 27-31).

Todo o ministério do Espírito em relação à Igreja — o despertar espiritual, a concessão do fruto e a distribuição de dons, entre outras coisas — visa a unidade no Corpo. Ele unifica pessoas, propósitos, mentes e corações para que, em vez de indivíduos, sejamos efetivamente um só Corpo, submetido à uma só Cabeça. Ainda que pareça impossível ver toda a Igreja pensando a mesma coisa em todo o mundo, o Espírito Santo de Deus se compromete em ser um fator de unidade e levar-nos a isso. Ele nos une, nos mantém juntos e fará com que permaneçamos assim para sempre, com laços cada vez mais apertados, até que tudo se consuma.

A unidade nos tempos do fim: o ministério de Elias

À medida que o fim se aproxima, a ministração do Espírito para a Noiva cresce em intensidade. Da mesma forma que o preparo de uma jovem se multiplica no dia do casamento, pois a hora já está chegando, a ação do Espírito entre o povo de Deus ganha proporções ainda maiores.

Os anos que antecedem a vinda de Cristo terão uma dinâmica única de polarização. A humanidade testemunhará — e tem, de fato, testemunhado — o crescimento da tensão entre nações, mas também entre reinos (Mateus 24.7). Creio que isso diz respeito ao mundo físico (nações), e também espiritual (Reino). O império das trevas se levanta contra o Reino da luz, mas o contrário também é verdadeiro! A escuridão cresce e se torna quase palpável, porém, ao mesmo tempo, a luz se intensifica e brilha poderosamente. A luz traz entendimento e compreensão, mas também provação, porque as trevas opõem-se a ela (cf. Daniel 12.10; João 3.19). Contudo, enquanto a Noiva sofrerá pressão como nunca viu antes, o Espírito será derramado poderosamente, levando a Igreja a experimentar um avivamento inédito. À medida que a escuridão se acentua, a luz resplandece com maior vigor,[5] conforme Isaías profetizou:

> Levante-se, refulja! Porque chegou a sua luz, e a glória do Senhor raia sobre você. Olhe! A escuridão cobre a terra, densas trevas envolvem os povos, mas sobre você raia o

---

[5] BICKLE, Mike. **Session 1 — The Revelation of Jesus: Bridegroom, King, and Judge**. Disponível em *mikebickle.org/watch/?guid=2018_08_31_1800_MB_FC*. Acesso em agosto de 2019.

Senhor, e sobre você se vê a sua glória. As nações virão à sua luz e os reis ao fulgor do seu alvorecer. (Isaías 60.1-3)

Creio que a unidade da Igreja é fator determinante na intensificação da luz nos últimos dias. Há uma promessa específica de unidade antes do fim dos tempos, registrada nas últimas linhas do Antigo Testamento:

> Vejam, eu enviarei a vocês o profeta Elias antes do grande e temível dia do Senhor. Ele fará com que os corações dos pais se voltem para seus filhos, e os corações dos filhos para seus pais; do contrário, eu virei e castigarei a terra com maldição. (Malaquias 4.5-6)

Israel estava vivendo num contexto de idolatria e perseguição. A rainha Jezabel, esposa do rei Acabe, liderou o povo no culto a Baal e exterminou os profetas do Senhor (1 Reis 18.4). A Terra se encheu de práticas abomináveis. Nesse ínterim, surgiu Elias, com ministério de fogo, poder e manifestação do Céu, cujo objetivo era fazer com que o povo "[...] saiba que tu, ó Senhor, és Deus e que fazes o coração deles voltar para ti" (1 Reis 18.37).

Séculos depois, se levanta outro profeta, com ministério semelhante ao de Elias. Trata-se de João Batista, a respeito de quem o anjo Gabriel diz: "Fará retornar muitos dentre o povo de Israel ao Senhor, o seu Deus. E irá adiante do Senhor, no espírito e no poder de Elias, para fazer voltar o coração dos pais a seus filhos e os desobedientes à sabedoria dos justos, para deixar um povo preparado para o Senhor" (Lucas 1.16-17). O ministério de João é marcado pelo convite ao arrependimento, o abandono daquilo que desagrada a Deus e a consequente mudança radical de comportamento.

A profecia de Malaquias teve um primeiro cumprimento em João Batista, como o próprio Jesus testificou (Mateus 17.11-13), mas não se cumpre completamente. Haverá outro Elias que vem antes da vinda de Cristo e que "restaura todas as coisas" (v. 12).

Acredito que o Espírito Santo — o mesmo que agiu sobre Elias e João — tem levantado uma geração entre a Igreja que trabalha com o fim de restaurar e converter os corações tanto a Deus quanto em relação ao outro. Pelo Espírito, haverá concordância entre todas as gerações da Igreja: todos falando uma mesma língua e pregando um só Evangelho debaixo da liderança de Jesus. Este é um sinal da vinda do Senhor. Já temos visto Deus unindo pessoas não através de plataformas, mas sob um mesmo propósito de vida guiado por Jesus.

Em todo o mundo, a Igreja tem levantado um clamor pela sua união. Creio que isso é resultante da atuação do Espírito, dando-nos revelação e entendimento que o fim se aproxima. Na mesma intensidade, vemos uma união maior de crentes de todas as nações, e a *internet* tem contribuído muito para isso. Acho maravilhoso pensar que até mesmo o avanço tecnológico dos últimos dias tem um propósito dentro do plano de Deus para a Noiva de Cristo. A comunhão dos santos, registrada no credo apostólico, nunca operou de forma tão plena como atualmente. Quando nossos irmãos do passado falaram a respeito disso, estavam anunciando a primeira comunidade virtual de que se tem notícia — uma comunidade que ultrapassava qualquer barreira geográfica, cultural ou nacional, e se identificava por ser a habitação do mesmo Espírito, o qual lhe comunica uma nova natureza humana, semelhante à de Cristo. O que foi dito milênios atrás, podemos experimentar hoje por meio da internet. Como Igreja, temos vivido a oportunidade de utilizar intensamente um canal de comunicação que nunca antes existiu. É possível encontrarmos homens e mulheres em todos os cantos do mundo que estão sendo despertos pelo Espírito Santo, e que anseiam pela manifestação da Igreja de Cristo em sua sociedade, pela revelação do Corpo o qual Jesus continua utilizando para visitar a humanidade, operando Seus sinais, milagres e promovendo libertação, até que Ele venha em Seu próprio corpo glorificado para implementar o governo de Deus sobre todo o universo.[6]

Este dia está mais próximo do que nunca. Pela mesma *internet*, o Evangelho tem alcançado lugares praticamente inacessíveis e impenetráveis, seja por

---

[6] Entrevista com o pastor Ariovaldo Ramos, disponível em *bbcst.net/16471*. Acesso em outubro de 2019.

causa de barreiras físicas ou espirituais. Deus tem usado a tecnologia de última geração para fazer com que o Evangelho seja pregado em todas as nações, antes de consumar Sua história para este mundo (Marcos 13.10). Isso nos mostra que as ações e invenções do Homem não são independentes, mas estão incrivelmente subordinadas ao plano de Deus.

Por meio de Seu Espírito, Jesus está passeando entre os candelabros de ouro espalhados em toda a Terra, reunindo-os. Tem unificado vozes individuais para que ganhem força e proteção da coletividade, pois o fim se aproxima, com todos os desafios e pressões que lhe são característicos. Desta forma, precisamos ser cautelosos e vigilantes, como o Senhor nos ensinou.

Assim, é imprescindível que a Igreja se encha do Espírito Santo. Muitos crentes se conformam em ser meros frequentadores, não vivendo o Evangelho em sua totalidade. No entanto, o que Deus preparou para nós é uma comunhão plena com Ele e com a comunidade, por meio do ministério do Espírito Santo. Sua Palavra nos orienta a não nos embriagar com o vinho, que gera libertinagem, mas a nos encher do Espírito, o produtor da união (Efésios 5.18). O vinho simboliza qualquer coisa capaz de tirar a sobriedade, anestesiar a consciência, desviar o foco, nos afastar da necessidade de ter um relacionamento com o Senhor e uma vida no Espírito. Quem se enche do vinho é aquele que semeia para a carne e, dela, colhe corrupção e destruição. Mas, aquele que se preenche com o Espírito, da mesma forma, semeia para o Espírito e, d'Ele, colhe vida eterna (Gálatas 6.8).

João Batista nasceu cheio do Espírito Santo, e recebeu do anjo a orientação de nunca consumir vinho ou bebida forte (Lucas 1.15). Era um homem com uma missão, logo, não podia permitir que nada lhe tirasse o foco. Nestes últimos tempos, Deus tem chamado Sua Igreja para a mesma missão: anunciar o Reino e preparar o caminho para a segunda vinda do Senhor. Quantas coisas têm, no entanto, nos embriagado e anestesiado? Quantas distrações têm enchido nossos olhos e coração, tomando o lugar do Espírito, do qual vem nossa capacitação? Sim, a Trindade opera na Noiva para prepará-la para a vinda do Senhor, mas a Igreja também tem de se aprontar para o dia de seu casamento.

A Noiva prepara a si mesma

A ação dedicada de Deus pode dar uma impressão equivocada de que a única coisa que resta à Igreja é sentar-se confortavelmente em sua cadeira enquanto aguarda a vinda do Senhor. Entretanto, essa visão acomodada não encontra respaldo na Palavra. A Noiva que Cristo vem buscar não é apática, indiferente, mas, em vez disso, trata-se de uma guerreira, que caminha nos passos do seu Amado e que também adorna a si mesma para o Noivo: "Todo aquele que nele tem esta esperança purifica-se a si mesmo, assim como ele é puro" (1 João 3.3).

É certo que tudo o que podemos fazer como Igreja flui do que Deus fez, tem feito e faz por nós e por meio de nós. "Pois, quem torna você diferente de qualquer outra pessoa? O que você tem que não tenha recebido? E se o recebeu, por que se orgulha, como se assim não fosse?" (1 Coríntios 4.7). Encontramo-nos onde estamos agora, entre os remidos de Deus, por conta de todo o agir da Trindade que descrevi nas páginas anteriores, e milhares de outras ações divinas que não tenho espaço nem compreensão suficiente para discorrer sobre. De qualquer modo, as resumiria nestas palavras de Paulo:

> Todavia, Deus, que é rico em misericórdia, pelo grande amor com que nos amou, deu-nos vida com Cristo, quando ainda estávamos mortos em transgressões — pela graça vocês são salvos. Deus nos ressuscitou com Cristo e com ele nos fez assentar nas regiões celestiais em Cristo Jesus, para mostrar, nas eras que hão de vir, a incomparável riqueza de sua graça, demonstrada em sua bondade para conosco em Cristo Jesus. Pois vocês são salvos pela graça, por meio da fé, e isto não vem de vocês, é dom de Deus; não por obras, para que ninguém se glorie. (Efésios 2.4-9)

A misericórdia, o amor, a graça e a bondade de Deus fizeram de nós a Sua Noiva, e esses atributos nos guiarão até que nos assentemos fisicamente nos lugares celestiais, para mostrar, nas eras que hão de vir, a incomparável riqueza de Sua graça. Fomos criados para este dia, mas não apenas para isso:

> Porque somos criação de Deus realizada em Cristo Jesus para fazermos boas obras, as quais Deus preparou antes para nós as praticarmos. (Efésios 2.10)

Enquanto anseia e espera pelo Céu, a Noiva estabelece o Reino na Terra por meio da prática de boas obras, que foram preparadas na eternidade passada para serem executadas pelas nossas mãos.

Particularmente, acredito que a Igreja brasileira não ouve muitas pregações e exortações às boas obras, isso porque vem de um contexto cultural em que outras religiões associam boas obras à salvação. Como cremos que somos salvos pela graça e pela fé — e de fato somos! — esses feitos se tornam um item secundário, ou até menor, em nossas reuniões.

No entanto, o Evangelho nos convida, por todos os lados, à prática do que é bom. Na verdade, ele é extremamente prático. Jesus encerra a Sua fala no Sermão do Monte com uma consideração: "[...] Quem ouve estas minhas palavras e as pratica [...]" (Mateus 7.24). Repare que Ele não diz: "quem ouve e *crê*", mas sim "quem ouve e pratica". A resposta ao Evangelho é uma fé ativa, e não uma crença contemplativa e infrutífera. Como ensinou Tiago, o irmão do Mestre:

> Sejam praticantes da palavra, e não apenas ouvintes, enganando-se a si mesmos. Aquele que ouve a palavra, mas não a põe em prática, é semelhante a um homem que olha a sua face num espelho e, depois de olhar para si mesmo, sai e logo esquece a sua aparência. Mas o homem que observa atentamente a lei perfeita, que traz a liberdade, e persevera na prática dessa lei, não esquecendo o que ouviu mas praticando-o, será feliz naquilo que fizer. [...] A religião que Deus, o nosso Pai, aceita como pura e imaculada é esta: cuidar dos órfãos e das viúvas em suas dificuldades e não se deixar corromper pelo mundo. (Tiago 1.22-27)

Crer envolve agir, e isso significa cuidar e não se corromper. Infelizmente nós temos tido pouca misericórdia.

Em seu livro nupcial (Cântico dos Cânticos) Salomão descreve um episódio em que sua noiva, a sulamita, está deitada e seu amado bate na porta. Ela fala: "Já despi as minhas vestes; como as tornarei a vestir? Já lavei os meus pés; como os tornarei a sujar?" (Cântico dos Cânticos 5.3). O noivo se vai, e o que resta é apenas seu perfume, uma marca de que havia estado ali.

A Igreja tem se comportado como essa noiva adormecida. Uma voz tem a chamado durante anos, convidando-a para abrir a porta, a fim de que a glória do Senhor ilumine o berço esplêndido em que nossa nação se deita eternamente. E quantas vezes não somos nós, Igreja do Senhor, que temos ocupado este berço?

Durante anos, temos falado, lido e profetizado a respeito de avivamento, mas ainda não experimentamos isso de forma efetiva no Brasil, um mover que atinja toda a Igreja, todas as denominações, todas as faixas etárias, em toda a extensão de nosso país. Avivamento não diz respeito somente a manifestações dentro das quatro paredes da Igreja, a emoções à flor da pele, ao dom e o poder do Espírito Santo sendo derramados. Não é **apenas** sobre isso. Existe um propósito para essas coisas, para o encher do Espírito, para o poder de Deus. O avivamento resulta na salvação daqueles que creem, na liberação do poder que é o Evangelho (Romanos 1.16).

O que já experimentamos de Deus precisa refletir na sociedade em que vivemos. Se não for assim, simplesmente nos encontraremos dançando sozinhos em volta de uma fogueira — que mais cedo ou mais tarde se apagará — enquanto o mundo ao redor permanece em escuridão.

Este já é o tempo, mencionado por Jesus, em que a iniquidade se multiplicaria grandemente (cf. Mateus 24.12 – ARA). A que poderíamos comparar essa multiplicação?

Quando penso em multiplicação acelerada, lembro-me de um casalzinho de preás que eu e minha mãe tínhamos em casa. Eram muito bonitinhos. Eles passaram muitos meses sem dar cria. Um belo dia, percebemos que a fêmea estava prenha. A barriguinha foi crescendo gradativamente até que, em uma manhã, acordamos e nos deparamos com uma barulheira na caixinha em que eles ficavam. Quando fomos olhar, ali estavam mais dois preás. Algumas semanas depois, minha mãe percebeu que a fêmea estava prenha de novo! Então, ela entrou em pânico quando percebeu que aquele ciclo nunca teria fim. O processo de reprodução havia começado e aqueles bichinhos nunca mais deixariam de procriar. Logo haveria pelo menos mais dois filhotes, e eles, assim que crescessem, também teriam seus próprios filhotes... Isso não teria fim. Em breve, teríamos uma superpopulação de preás em casa. Diante dessa "revelação", minha mãe resolveu dar os bichinhos.

De maneira alguma a maldade virá na forma de um preá, mas sua multiplicação se assemelha, de certa maneira, à rápida reprodução desses animais. Eles se propagam facilmente; seu tempo de gestação não é longo, e sua prole não precisa de cuidados intensos para vingar. Se utilizarmos essa linha de pensamento, atos de maldade rapidamente engravidam a dão luz a novas atitudes. Não há limites para a propagação do mal nos últimos dias. Como poetizou o salmista, "abismo chama abismo" (Salmos 42.7).

Este também é o tempo profetizado por Daniel, em que perversos continuariam a agir perversamente (Daniel 12.10 – ARA). Os sábios, porém, não seriam enganados pelas trevas, mas, conforme afirma o profeta, teriam entendimento. Eles receberiam compreensão e revelação da parte de Deus para perceber o que está acontecendo ao seu redor.

Apenas quando Deus lança luz sobre as trevas, notamos quão densas elas são. Enquanto estava escrevendo este livro, participei de uma reunião com pessoas que lidam com direitos humanos no Brasil, e ali o Senhor nos revelou as profundas sombras que envolvem nossa nação. Ouvimos falar de coisas terríveis e demoníacas; atos que nossa mente evangelicamente correta não é capaz de imaginar, muito menos nomear. A pedofilia assumiu proporções tão absurdas que é impossível suportar ouvir a respeito. Há um império de injustiça reinando e avançando sobre o Brasil, dizimando mulheres, crianças, bebês, idosos e os mais necessitados. Existem pessoas se afundando e sendo engolidas por um mar imundo de tráfico humano, violência, drogas e outras coisas horríveis demais para imaginarmos.

Infelizmente, a Igreja brasileira ignora esta realidade ou, às vezes, é apática a ela. Deitada em sua cama majestosa, diz: "Já lavei os meus pés; como os tornarei a sujar?". Temo que, infelizmente, nosso senso de justiça tenha se limitado a discussões ideológicas improdutivas, que apenas exaltam nosso vício por aceitação, números, poder, ou simplesmente por "ter razão". Vaidade, pura vaidade. Não podemos continuar adormecidos na luz. Precisamos reconhecer Jesus nos necessitados, nos pequeninos e naqueles que não têm voz, ao mesmo tempo em que O representamos para essas pessoas. Somos cheios do Espírito Santo para que a vida de Deus flua através de nós e gere transformação na nossa nação. O verdadeiro movimento do Espírito não se limita aos nossos cultos. Ele alcança a sociedade. Enquanto anseia e espera pelo Céu, a Noiva estabelece o Reino na Terra por meio da prática de boas obras, preparadas na eternidade passada para serem executadas por nossas mãos: "Aquele que crê em mim fará também as obras que tenho realizado. Fará coisas ainda maiores do que estas, porque eu estou indo para o Pai" (João 14.12). A Igreja é a representante de Jesus na Terra, por isso, exerce sua fé fazendo aquilo que Jesus faria se estivesse corporalmente aqui (cf. Atos 10.38).

Assim, é hora de nos levantar e sujar os pés para que a glória de Deus espante a escuridão. O pó da terra fala de humanidade. Sujar os pés é comprometer-se com gente. É pisar nas realidades difíceis que destroem a tantos, levando a luz de Cristo e sendo o sal da Terra. É transformar e restaurar a dignidade do ser humano com a realidade da glória de Deus. É abrir a porta para que entre o Rei da glória e leve luz às trevas.

> Façam isso, compreendendo o tempo em que vivemos. Chegou a hora de vocês despertarem do sono, porque agora a nossa salvação está mais próxima do que quando cremos. A noite está quase acabando; o dia logo vem. Portanto,

deixemos de lado as obras das trevas e revistamo-nos da armadura da luz. Comportemo-nos com decência, como quem age à luz do dia, não em orgias e bebedeiras, não em imoralidade sexual e depravação, não em desavença e inveja. Ao contrário, revistam-se do Senhor Jesus Cristo e não fiquem premeditando como satisfazer os desejos da carne. (Romanos 13.11-14)

Um vestido de linho fino

A Igreja tem de se revestir do Senhor Jesus. É tempo de despertar, tirar o pijama e preparar o vestido de noiva.

No Apocalipse, uma grande multidão anuncia que chegou a hora do casamento do Cordeiro. A Noiva não é pega de surpresa: ela está pronta para a ocasião. Como é seu vestido? De "linho finíssimo, resplandecente e puro". E o que representa isso? "[...] o linho finíssimo são os atos de justiça dos santos" (Apocalipse 19.8 – ARA).

A imagem singela da Noiva adornada, nesse momento, somente com linho fino é um contraponto marcante à escandalosa mulher que aparece nos capítulos anteriores de Apocalipse: a "Babilônia, a grande; a mãe das prostitutas e das práticas repugnantes da terra" (Apocalipse 17.5). Ela se veste de púrpura e vermelho, está adornada de ouro, pedras preciosas e pérolas. Nas suas mãos traz um cálice de ouro, cheio de coisas repugnantes e da impureza da sua prostituição (v.

4). Esta mulher indecente é cercada de luxo, adquirindo "artigos como ouro, prata, pedras preciosas e pérolas; linho fino, púrpura, seda e tecido vermelho; todo tipo de madeira de cedro e peças de marfim, madeira preciosa, bronze, ferro e mármore; canela e outras especiarias, incenso, mirra e perfumes; vinho e azeite de oliva, farinha fina e trigo; bois e ovelhas, cavalos e carruagens, e corpos e almas de seres humanos" (18.12-13).

Há uma diferença gritante entre a prostituta e a Igreja. A primeira tem de comprar suas vestes e sua glória; a segunda recebe tudo isso de Deus. A prostituta é servida pelos líderes e poderosos da Terra e acumula poder; a Igreja se dobra em direção aos pequeninos para servi-los. O que caracteriza a primeira é a repugnância; o que adorna a segunda é a justiça.

A Noiva de Cristo se veste de justiça. É, primeiramente, uma justiça que vem de Deus; João é informado de que o linho fino foi dado a ela (19.8a), e não comprado, como fez a prostituta. Deus sempre vestiu os Seus. Assim como o sacrifício de um animal vestiu Adão e Eva após o primeiro pecado (Gênesis 3.21), e encobriu a vergonha de sua nudez, a oferta do Cordeiro perfeito nos reveste do "[...] novo homem, criado para ser semelhante a Deus em justiça e em santidade provenientes da verdade" (Efésios 4.24). A justiça é a roupa que o Senhor nos deu, mas também é resultado dos atos justos que, como Igreja, fazemos, pois fomos "criados para ser semelhantes a Deus em justiça".

Procuramos acumular tesouros no Céu (cf. Mateus 6.20), mas o lugar para fazer isso é na Terra. É nesta vida que acumulamos para o porvir. As boas obras que realizamos aqui não serão enterradas conosco quando partirmos, mas elas nos seguirão (cf. Apocalipse 14.13). Nenhum ato de justiça da Noiva será esquecido, mas todos serão considerados quando o Senhor se assentar no trono para julgar indivíduos e nações, e disser aos Seus:

> Então o Rei dirá aos que estiverem à sua direita: "Venham, benditos de meu Pai! Recebam como herança o Reino que foi preparado para vocês desde a criação do mundo. Pois eu tive fome, e vocês me deram de comer; tive sede, e vocês me deram de beber; fui estrangeiro, e vocês me acolheram; necessitei de roupas, e vocês me vestiram; estive enfermo, e vocês cuidaram de mim; estive preso, e vocês me visitaram".
> (Mateus 25.34-36)

A Igreja precisa recuperar seu chamado de porta-voz da justiça neste mundo sombrio. Ela precisa relembrar que seu Senhor não requer cultos estonteantes, marchas quilométricas, megatemplos luxuosos. "[...] o que o Senhor exige: pratique a justiça, ame a fidelidade e ande humildemente com o seu Deus" (Miqueias 6.8). A preocupação com o que não é justo não deve ocupar nosso pensamento (cf. Filipenses 4.8 – ARA). Não se trata somente de não permitir que pensamentos maus preencham nossa mente, mas de afastar também pensamentos tolos e inúteis, ideias sem proveito, planos que desperdiçam o nosso tempo e paralisam nosso chamado. Precisamos buscar em primeiro lugar o Reino e sua justiça.

Pela graça e fidelidade de Deus, podemos perceber um movimento do Espírito Santo que tem gerado justiça. Ele não apenas nos leva a clamar por isso, mas a tem produzido na vida cotidiana de congregações e indivíduos. A presença social da Igreja nunca foi tão marcante quanto tem sido nesses últimos dias, confirmando a palavra dita a João "Continue o injusto a praticar injustiça; continue o imundo na imundícia; continue o justo a praticar justiça; e continue o santo a santificar-se" (Apocalipse 22.11).

Por fim, por causa de seu chamado, a Igreja tem um papel determinante em conter a manifestação da injustiça na Terra. Quando Paulo fala da vinda do anticristo — "o homem do pecado, o filho da perdição", aquele que "se opõe e se exalta acima de tudo o que se chama Deus ou é objeto de adoração" (2 Tessalonicenses 2.3-4) — ele diz que este só será revelado quando for "afastado aquele que agora o detém" (v. 7). Creio que quem detém o ministério da iniquidade, engano e injustiça é a própria Igreja. Para que a injustiça reine na Terra, é necessário que sua guardiã seja removida, pelo arrebatamento, e então prossiga para o fim. Sei que há linhas teológicas divergentes quanto a este assunto, mas creio que há concordância quanto ao fato de que a Noiva de Cristo é o reduto da justiça na Terra. Promover, viver e praticar a justiça está em seu chamado. É o que a cobre, e o que a preparará para o dia final.

A ausência de preparo

Entendo que o preparo foi o ponto mais enfatizado pelo Senhor Jesus no sermão do monte das Oliveiras (Mateus 24 e 25; Marcos 13; Lucas 21.5-36), no qual Ele revela aspectos a respeito do fim dos tempos. Diversas vezes, Cristo exorta seus discípulos a vigiarem por não saberem o dia nem a hora. Lucas registra as seguintes palavras: "Estejam sempre atentos e orem para que vocês possam escapar de tudo o que está para acontecer e estar em pé diante do Filho do homem" (Lucas 21.36).

Em Mateus 25, Jesus conta algumas parábolas para exemplificar a imprevisibilidade de Sua vida, e o perigo de não estar preparado para ela. Uma dessas é a parábola das dez virgens. Nela, o Senhor descreve a preparação de dez damas de honra que acompanhariam um cortejo de um casamento. Lembre-se de que, no contexto judaico de casamento, o noivo se encarregava de preparar um lugar para sua noiva assim que assinavam o contrato. Não havia um prazo para concluir os preparativos, nem uma data limite. Quando tudo estivesse pronto, ele buscaria sua noiva para a cerimônia definitiva.

Este é o contexto da parábola: um noivo finalizou os preparativos para receber sua amada. Os convidados são avisados e se preparam para o cortejo nupcial. Entre eles, há dez moças, que são damas de honra ou amigas da noiva. Abaixo, lemos que elas:

> [...] pegaram suas candeias e saíram para encontrar-se com o noivo. Cinco delas eram insensatas, e cinco eram prudentes. As insensatas pegaram suas candeias, mas não levaram óleo. As prudentes, porém, levaram óleo em vasilhas, junto com suas candeias. O noivo demorou a chegar, e todas ficaram com sono e adormeceram. À meia-noite, ouviu-se um grito: "O noivo se aproxima! Saiam para encontrá-lo!" Então todas as virgens acordaram e prepararam suas candeias. As insensatas disseram às prudentes: "Deem-nos um pouco do seu óleo, pois as nossas candeias estão se apagando". Elas responderam: "Não, pois pode ser que não haja o suficiente para nós e para vocês. Vão comprar óleo para vocês". E saindo elas para comprar o óleo, chegou o noivo. As virgens que estavam preparadas entraram com ele para o banquete nupcial. E a porta foi fechada. Mais tarde vieram também as outras e disseram: "Senhor! Senhor! Abra a porta para nós!" Mas ele respondeu: "A verdade é que não as conheço!" Portanto, vigiem, porque vocês não sabem o dia nem a hora!
> (Mateus 25.1-13)

É importante compreender que, nas parábolas, nem todas as figuras simbolizam algo, somente as mais importantes. Nesta parábola, por exemplo, não temos a presença da noiva, só do noivo e de alguns convidados, especificamente as dez virgens. Não é o caso de pensar que a Igreja só pode ser representada pela figura da noiva e que, por isso, a parábola não fala sobre ela. As imagens na Bíblia são muito dinâmicas, e não precisam representar sempre a mesma coisa. O leão, por exemplo, pode ser um símbolo de Jesus, o Leão de Judá (Apocalipse 5.5), mas, em outro contexto, é utilizado para falar do Diabo, que anda ao nosso redor como leão, pronto para nos devorar (1 Pedro 5.8). Da mesma forma, a Igreja, simbolizada no Apocalipse pela Noiva, também é apresentada neste livro, e aqui em Mateus, como os convidados do casamento (cf. Apocalipse 19.9). Mais importante que a simbologia é o ensino que Jesus deseja transmitir por meio da parábola. No caso desta, sua ênfase está na necessidade de estar preparado, e na terrível consequência que aguarda quem não estiver.

Como pode se explicar que cinco daquelas dez moças não estivessem prontas para este momento? Elas tinham um papel a desempenhar no cortejo — a luz de suas lamparinas contribuiria para a beleza da festa. Era algo simples, mas, ainda assim, algumas delas não conseguiram se preparar para este dia, por mais importante que fosse. Agir desse modo foi um ato de irresponsabilidade, um descaso enorme, não é mesmo?

Aquelas cinco moças tiveram bastante tempo de preparo para o dia do casamento, mas não possuíam óleo suficiente para manter a luz acesa quando o dia chegou. Ou melhor, a noite, porque o noivo veio no meio da madrugada, quando tudo estava escuro, quando todos os estabelecimentos estavam fechados e todos dormiam. Então, na escuridão — ou precisamente por causa dela — o despreparo das virgens ficou muito evidente. Elas deixaram para a última hora o que deveria estar preparado há muito tempo.

A falta do óleo é falta de luz, a falta de luz significa ausência no cortejo, e a ausência é o que as impede de acessar o banquete. Trata-se de uma sequência de ausências que revelam o despreparo e pouco caso, e culminam em banimento.

Vejo na Bíblia uma ligação entre o óleo – como meio de unção – e o Espírito. O Espírito de Deus repousou sobre Davi no momento em que este foi ungido (1 Samuel 16.13), e o Senhor Jesus também declara que foi ungido pelo Espírito como capacitação sobrenatural para seu ministério (Lucas 4.18; Isaías 61.1). O óleo da unção do Espírito Santo é o selo sobre o qual comentamos anteriormente (cf. Efésios 1.13; 4.30). É sinal de intimidade e de pertencimento. Aqueles que era próximos do noivo na parábola esperavam tanto quanto ele pelo dia do casamento. Prepararam--se para isso, ansiaram por isso. Estavam prontos para acompanhá-lo no cortejo e, tendo participado deste, foram reconhecidos pelo noivo. Por isso, quando as cinco moças que estiveram ausentes batem à sua porta pedindo para entrar, ele lhes diz: "Não as conheço!".

Da mesma forma, creio que Jesus não identifica os Seus pelo que "fizemos" em nome d'Ele (cf. Mateus 7.22), mas pela intimidade que tivemos com Ele. O Senhor vai reconhecer a Noiva pelo relacionamento. Aqueles que são Seus amigos, que conhecem os desejos do Seu coração, que amam Sua vinda e se preparam para ela.

Quanto temos buscado estar cheios do Espírito, como as cinco virgens prudentes estavam providas de óleo? Quanto procuramos alimentar nosso fervor na oração individual e coletiva? Quanto temos orado pelos dons do Espírito — que melhor irão servir nossa comunidade? Os dons são presentes do Noivo para a Noiva, para fazer com que ela cresça e se desenvolva. Uma vida sem a manifestação do Espírito consequentemente torna-se uma vida de frieza, mediocridade e comprometimento com este mundo. E se alguém ama o mundo, o amor do Pai não está nele (1 João 2.15).

Diante disso, a Igreja precisa estar pronta para este momento glorioso de encontro com o Senhor. A hora de Seu retorno é tão incerta quanto a vinda de um ladrão. Mas, assim como nos precavemos, instalando grades e alarmes em nossas casas, devemos nos preparar para a chegada do Noivo, de modo que "esteja sempre vestido com roupas de festa, e unja sempre a sua cabeça com óleo" (Eclesiastes 9.8). Nossa vida precisa suspirar por esse dia e se planejar para ele e para as coisas que virão.

Ansiar pela vinda de Jesus não significa fugir da realidade, esquivar-se dos problemas e responsabilidades desta vida. Muitas pessoas desejam que Jesus volte por simplesmente estarem cansadas. Querem que Cristo venha para receberem alívio. A Palavra, no entanto, nos incentiva a desejar a vinda do Senhor para que, acima de tudo, estejamos com Jesus onde Ele está, porque ansiamos ter Sua presença conosco. Desejamos que Sua glória transforme e redima todas as coisas.

A Igreja preparada clama "Vem!" juntamente com o Espírito. A oração de Jesus ecoa nos ouvidos atentos de Deus: "Pai, quero que os que me deste estejam comigo onde eu estou e vejam a minha glória, a glória que me deste porque me amaste antes da criação do mundo" (João 17.24). Este é o pedido final do Senhor. Até que sejamos um com Ele.

Conclusão
Em busca da maturidade espiritual

No decorrer da vida, Gustavo e eu fomos muito edificados por Dan e Marti Duke, um casal missionário norte-americano que morou durante muitos anos em Belo Horizonte. Eles foram verdadeiros pais e discipuladores, tanto que foi muito difícil para nós quando eles tiveram de voltar para os Estados Unidos, sentimos demais a falta deles.

Em uma de suas posteriores visitas ao Brasil, eles nos convidaram para jantar. Naquele encontro, falei sobre o quanto me sentia espiritualmente órfã e da saudade que tinha de estar com eles, fosse orando, adorando ou estudando a Bíblia juntos. Dan me olhou profundamente com seus olhos azuis e disse: "Nívea, está na hora de você ser para os outros o que fomos para você. O caminho você já conhece. O Senhor já lhe entregou tudo o que é necessário para seguir em frente. É tempo de você ser a mãe espiritual de outros".

Naquela hora, senti o Espírito Santo trazendo uma palavra *rhema* – uma revelação divina – ao meu coração em relação à maternidade, em sentido bastante amplo. Eu tinha muito medo de ser mãe. Ainda me via como uma menina, totalmente incapaz de me responsabilizar por outras vidas, inibida pelo medo de errar, de não cumprir o chamado e de ser criticada. Finalmente, naquela noite, percebi o Espírito me chamando para fora da caverna do medo e da timidez.

Pouco tempo depois, Deus me fez mãe de duas crianças ao mesmo tempo – uma experiência que, anos antes, me causaria pânico só de imaginar. O Senhor, porém, é poderoso e perfeito em tudo o que faz. Ele não apenas arrancou o medo de mim como também compartilhou uma porção do Seu coração de Pai comigo. "Estranhamente", a maternidade espiritual começou a se tornar realidade em minha vida. A partir de uma resposta positiva que dei ao chamado divino, Deus começou a conduzir muitas pessoas de diversos perfis ministeriais até nós, para que, então, elas fossem servidas pela Palavra, oração e outros dons que o Senhor nos confiou para edificar os Seus filhos.

A partir da minha experiência pessoal, compreendi que um dos primeiros sinais de amadurecimento é a disposição de se comprometer em aliança com alguém, sendo que a máxima expressão disso é o casamento. O segundo sinal é gerar filhos. Por isso, preocupo-me ao ver, nesta geração, muitas pessoas que não querem se comprometer e nem cuidar de outros; homens e mulheres que não estão dispostos a abrir mão de sua privacidade e autonomia em um relacionamento conjugal, um convívio entre marido e esposa.

É estranho ver o número de divórcios crescendo horrivelmente dentro da Igreja, em pleno acordo com o ritmo do mundo. Não me refiro a relacionamentos abusivos – realmente é preciso sair deste tipo de relação. Ninguém tem de conviver com a violência emocional ou física dentro da própria casa. Penso, em vez disso, em relacionamentos que terminam por falta de renúncia, de oração, de busca pela presença unificadora de Deus. Falta de maturidade que, combinada com excesso de carnalidade, faz com que matrimônios potencialmente duradouros acabem. Esta não é a vontade de Deus para o ser humano.

Essa mesma imaturidade produziu uma "síndrome de Peter Pan" generalizada. Adultos se comportam como crianças e se recusam a crescer. Não querem renunciar seu eu para cuidar de outros. Esta realidade, infelizmente, também é presente na Igreja.

A indisposição em amadurecer tem levado alguns à estagnação emocional e espiritual. Pessoas infantilizadas não se responsabilizam pelo seu relacionamento com Deus ou com o próximo. Dependem da oração dos irmãos, da palavra que sai dos púlpitos, da unção que está sobre o outro. Não conseguem receber unção sobre a própria cabeça, através da oração, da meditação na

Palavra de Deus e do encher-se do Espírito Santo. Não buscam n'Ele, mas em pessoas, a resposta para suas questões.

Creio que o Senhor deseja gerar amadurecimento no meio de seu povo, para que não sejamos, segundo diz a Bíblia, como crianças inconstantes que correm atrás de ventos de doutrina (Efésios 4.14). Alcançamos maturidade quando nos alimentamos da Palavra, de modo que ela se torna viva dentro de nós. Através dela, somos curados e lavados de nossos hábitos infrutíferos, e conhecemos a verdadeira vontade de Deus.

Então, a vida que emana daqueles que verdadeiramente conhecem a Jesus começa a fluir pela sociedade, influenciando a cultura, trazendo respostas para questões aparentemente insolúveis, sendo instrumento de cura e salvação para os muitos doentes que nos cercam.

Quando leio as histórias de avivamentos do passado, vejo o quanto esses movimentos influenciaram e mudaram a sociedade. No avivamento do País de Gales, bares e prostíbulos se fecharam, pois não havia mais clientela. O rio de vida do Espírito fluiu pelos lugares improváveis e trouxe restauração. É isso que Deus deseja fazer através de Sua Noiva, de nós. Ele quer que sejamos Sua resposta para nossa geração. Através de uma Igreja sarada pela Palavra e capacitada pelo Espírito, o pedido de Jesus ao Pai – "aqueles que me deste quero que, onde eu estiver, também eles estejam comigo, para que vejam a minha glória" (João 17.24a – ACF) – torna-se um convite para os famintos e sedentos deste mundo: "A quem tiver sede, darei de beber gratuitamente da fonte da água da vida" (Apocalipse 21.6).

Este livro foi produzido em Adobe Garamond Pro 12 e
impresso pela Gráfica Promove sobre papel Pólen Soft 70g
para a Editora Quatro Ventos em novembro de 2019.